主编／王 振　　副主编／李开盛

探寻国际合作新机遇

首届"一带一路"上海论坛论集

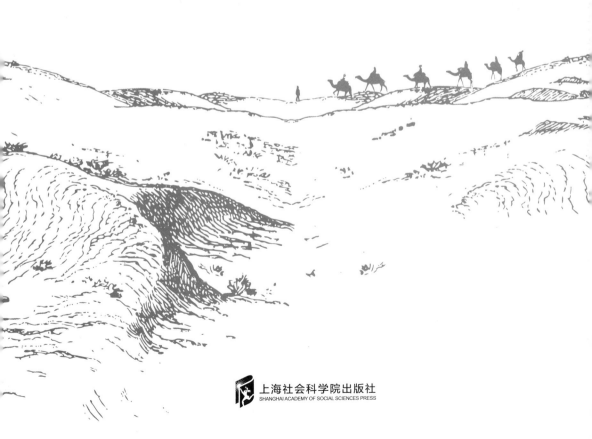

上海社会科学院出版社
SHANGHAI ACADEMY OF SOCIAL SCIENCES PRESS

大会现场（一）

大会现场（二）

与大会视频连线的乌兹别克斯坦研讨会现场

第一分论坛

第二分论坛

第三分论坛

第四分论坛

第五分论坛

会议代表在倾听大会发言人的演讲

会议间隙代表们在交流

与会代表接受媒体采访（一）

与会代表接受媒体采访（二）

金 鑫

当代世界研究中心主任、"一带一路"国际合作智库联盟秘书长

安格斯·麦基

联合国训练研究所环境部门主任

弗拉基米尔·诺罗夫
乌兹别克斯坦总统战略与区域研究所所长、乌兹别克斯坦前外长、上海合作组织候任秘书长

于洪君
中联部原副部长、中国人民争取和平与裁军协会副会长

时殷弘
中国人民大学教授、国务院参事

黄仁伟
复旦大学"一带一路"与全球治理研究院常务副院长、上海社会科学院智库研究中心理事长兼主任

贾楠·莫萨扎伊
阿富汗伊斯兰共和国驻华大使

乔奇·佩奇诺夫
保加利亚前驻华大使、保加利亚"16+1"机制国家协调员

江原规由
日本国际贸易投资研究所首席经济学家

关家明
香港贸易发展局研究部总监

沈玉良
上海社会科学院世界经济研究所国际贸易室主任、研究员

刘 鸣
上海社会科学院国际问题研究所常务副所长、研究员

古丽娜拉·夏伊莫吉诺娃
哈萨克斯坦中国研究中心主任

姚勤华
上海社会科学院世界中国学研究所所长、研究员

罗建波
中央党校国际战略研究院中国外交研究室主任、教授

爱比克泰德·帕塔林哈格
菲律宾大学 Cesar Virata 商学院经济与金融名誉教授

薛 力

中国社会科学院世界经济与政治研究所国际战略室主任、研究员

马赫布卜·乌拉

孟加拉国达卡大学发展研究院前任主席、教授

孙立行
上海社会科学院世界经济研究所研究员

大西康雄
日本贸易振兴机构亚洲经济研究所上席主任调查研究员

丁 可

日本贸易振兴机构亚洲经济研究所副主任研究员

戴二彪

日本亚洲成长研究所部长、教授

高 兰
复旦大学日本研究中心副主任、教授

吴新华
上海市发展和改革委员会规划处副处长（主持工作）

李 锋

上海市人民政府发展研究中心开放处处长

陆启星

上海浦东新区商务委员会副主任

何 勇
上海证券交易所研究员

阿披南·李拉肖
泰国开泰研究中心高级研究员

齐国生
中国航天科技集团总经济师、中国航天基金会副理事长

王荣华
上海市第十届政协副主席、上海社会科学院智库研究中心名誉理事长

江 波
同济大学副校长

张贵洪
复旦大学联合国与国际组织研究中心主任

目　录

│ 第一分论坛 │

| 第二分论坛 |

| 第三分论坛 |

| 第四分论坛 |

| 第五分论坛 |

前　言

　　2018年5月14—15日，由上海社会科学院发起，上海社会科学院、中联部当代世界研究中心和香港贸易发展局共同主办的首届"一带一路"上海论坛在上海社科国际创新基地成功举办。一年之前的5月14日，首届"一带一路"国际合作高峰论坛在北京举行。一年以后举行首届"一带一路"上海论坛，具有特别的意义。

　　论坛以"新合作，新机遇"为主题，重点回顾过去五年中"一带一路"建设取得的成果和经验，侧重于探索未来中国与相关国家如何开展国际合作、创造并抓住机遇，以智库的力量更好地服务于国家"一带一路"建设。中联部原副部长于洪君应邀出席本届论坛并作主旨演讲。中国人民大学教授、国务院参事时殷弘，保加利亚前驻华大使、"16＋1"机制国家协调员乔奇·佩奇诺夫，阿富汗驻华大使贾楠·莫萨扎伊，中国香港贸易发展局研究部总监关家明，日本国际贸易投资研究所首席经济学家江原规由，复旦大学"一带一路"与全球治理研究院常务副院长黄仁伟，上海社会科学院国际问题研究所常务副所长、研究员刘鸣，上海社会科学院世界经济研究所研究员沈玉良分别围绕着"一带一路"建设作大会演讲。

　　大会设立了六个分论坛。大会演讲后，国内外百余位政府官员、专家、学者和企业家分别围绕国际合作与"一带一路"建设、"一带一路"东

探寻国际合作新机遇

南亚板块建设中的国际合作、"一带一路"国际合作与上海桥头堡建设、"一带一路"与四航协调发展、联合国与"一带一路"智库建设、"一带一路"区域国别研究六个热点议题展开深入研讨,分享了他们各自的最新研究成果。来自中央与上海相关政府部门领导、各地学者以及日本、韩国、菲律宾、泰国、哈萨克斯坦、阿富汗、孟加拉、肯尼亚、意大利、保加利亚、法国、美国、乌兹别克斯坦、塞拉利昂等二十个国家的三百多位嘉宾出席论坛。论坛首日,我院还与乌兹别克斯坦总统战略与区域研究所在乌兹别克斯坦首都塔什干共同举办"中国与乌兹别克斯坦:'一带一路'倡议的合作前景"国际研讨会,两个会场进行了视频连线,相互交流两国在"一带一路"领域的建设与研究情况,增进了彼此对于建设好、研究好"一带一路"的信心。通过开放、多元、包容的讨论,与会嘉宾就许多问题达成了共识,对"一带一路"的建设提出了很好的针对性建议。论坛取得了圆满的成功。

"一带一路"上海论坛是上海社会科学院继数据库建设、刊物出版之后,全力打造的"一带一路"研究与交流重要平台。该论坛拟每年举办一届,我们热切地期待更多的国内外专家、学者以及其他有识之士参与进来,为"一带一路"的顺利推进鼓与呼,为上海在"一带一路"建设中贡献更大的力量出谋划策。

为了让更多的人分享首届论坛的成果,我们决定对主要的会议发言进行整理、编辑,出版这一本论集。遗憾的是,由于篇幅的关系,还有许多发言未编选进来。另外,由于时间的关系,有部分发言的整理稿未经本人审阅。如有不当,当属编者的责任。

领导致辞

打造服务"一带一路"建设的新平台

张道根

上海社会科学院院长、研究员

尊敬的于副部长、金鑫主任、贾楠·莫萨扎伊和乔奇·佩奇诺夫大使，尊敬的各位嘉宾、专家，女士们、先生们：

大家上午好！去年（2017 年）5 月 14 日首届国际"一带一路"高峰论坛在北京召开，习近平总书记在论坛上作了"携手推进'一带一路'"的主旨演讲，提出了推进"一带一路"的五点建议。今天，我们在上海举行首届"一带一路"上海论坛，具有积极的意义。上海现在承担着"一带一路"建设桥头堡的功能和任务，我们搭建一个学术交流的平台，也是一项积极的行动和有效举措。

2018 年是贯彻党的十九大精神的开局之年，也是"一带一路"倡议提出的第五年。这五年来，"一带一路"得到国际社会的热烈响应，从最初的理念愿景逐渐转化为实践行动，在多个方面取得了丰硕成果。随着"一带一路"写入中国共产党党章，"一带一路"建设也进入重要的第二阶段，不仅对于新时代中国特色社会主义发展具有重大意义，而且在当前全球化面临一定挫折的关键时刻，更为整个世界经济的开放、包容和可持续发展注入信心和动力。

探寻国际合作新机遇

上海社科院创建于 1958 年,是中华人民共和国最早成立的社会科学院,不久我们将迎来院庆 60 周年纪念日。上海社科院目前共有 17 个研究所,500 多名研究人员,在校研究生 600 多人。国家首批 25 家高端智库试点单位,2015 年底,我院作为唯一的地方社科院入选。试点三年来,我们积极发挥高端智库平台的研究优势、网络优势和资源优势,集全院之力,高度重视"一带一路"的研究,开展了一系列的工作:将"一带一路"课题列入每年度的院高端智库重点研究范畴,主动承担国家社科规划办"一带一路"国别研究的委托项目,形成系列相关研究成果,得到各级领导和社会各界的充分肯定;积极拓展国际合作,与沿带沿路国家智库建立多样化的合作关系,加强政策沟通和人才交流,致力于打造具有国际影响力的高端智库对话平台;积极组织专家进行出访和调研,深入了解"一带一路"实际推进情况和主要挑战。

要特别向各位领导、嘉宾汇报的是,我院在上述研究的基础上,正在积极打造服务"一带一路"建设的三大平台:

一是数据库。我们与中国国际经济交流中心共同建设丝路信息网,由我院"一带一路"信息研究中心承担具体的运营工作。该网已于去年"一带一路"国际合作高峰论坛期间正式上线,并被纳入《上海服务国家"一带一路"建设发挥桥头堡作用行动方案》。数据库涵盖沿线 65 个国家和众多城市,提供电子文献、数据分析和成果分析三大功能,包括丝路国家库、丝路城市库、文献数据库、统计数据库、投资项目库、经济运行报告库、中国国策库、专题研究库、产业地理信息库等九大子库,目前正在进行 2.0 版的升级工作。

二是刊物。经过五年的倡导,"一带一路"倡议已经天下皆知,目前需要的是围绕如何建设、如何合作提供更加扎实的研究成果与方案。经过五年的实践,政府各部门、各研究机构和相关企业,包括沿带沿路国家,都形成了自己的思考和经验教训,目前需要的是如何汇集各方的声音与方案,群策群力、共商共建。基于此,我院从今年开始编辑发行《"一带一路"智库报告》中英文刊,主要选取院内外学者优秀的研究成果,定期推送给各级领导、学者和相关各界人士,提供第一手的信息和政策建议。大家在论坛资料袋中可以看到第一、二期中文刊和刚刚印刷出来的英文刊。我们也欢迎在座的朋友热心支持、积极投稿。

三是论坛,也就是今天召开的"一带一路"上海论坛。该论坛计划每年举办一次,旨在以上海为平台,充分发挥上海的区位优势和"桥头堡"作用,聚合政府、企业和智库力量,融汇国内外的不同声音,搭建可以充分沟通和交流的桥梁,碰撞出思想的火花。我们为首届论坛选择的主题是"新合作、新机遇"。当前,我国进入了中国特色社会主义的新时代,"一带一路"经过五年发展也进入了一个新的阶段。合作共赢、构建人类命运共同体,是"一带一路"建设的宗旨。有了新合作,就有新机遇。我们要总结五年来我国推进"一带一路"的探索实践,为"一带一路"建设行稳致远提供我们智库的判断和建议。最后感谢中联部世界研究中心和香港贸发局共同举办这次论坛,感谢"一带一路"智库联盟作为支持单位支持今天的论坛,感谢今天到会的中外演讲嘉宾和与会代表,祝首届"一带一路"上海论坛圆满成功,祝各位嘉宾、专家在上海生活愉快,谢谢大家!

思想盛宴助力"一带一路"建设

金 鑫

当代世界研究中心主任、"一带一路"国际合作智库联盟秘书长

各位嘉宾、各位朋友：

大家上午好！在"一带一路"建设五周年即将来临之际，很高兴来到"一带一路"建设的桥头堡上海，来到中国国际关系研究的重镇上海社会科学院，与各位就"一带一路"国际合作面临的新机遇、新愿景、新挑战进行专题研讨，作为首届"一带一路"上海论坛的主办方之一，我谨代表"一带一路"国际智库合作联盟和中联部当代世界研究中心，对各位莅临参会表示热烈的欢迎，对各位通过自身的研究与交流努力推动"一带一路"建设行稳致远表示衷心的感谢。

各位嘉宾，各位朋友，"一带一路"倡议是中国顺应时代发展潮流，把握人类进步大势，为优化和完善全球治理体系而提出的中国方案、中国智慧。在逆全球化和贸易保护主义抬头的大背景下，"一带一路"建设为沿线国家和全球经济发展注入了强劲动力，获得了国际社会越来越广泛的支持。近期，国际金融论坛与英国《中央银行》杂志对"一带一路"沿线26家央行做的一项调查结果显示，九成以上的受访央行表示"一带一路"已经并将继续助力全球经济增长。这充分说明，"一带一

路"已经成为全球最具活力和受欢迎的公共合作平台。

长三角地区具有经济实力强、辐射带动作用大的特色,上海作为全球重要的金融中心,有着很强的对外交流优势和金融、经济实力。"一带一路"倡议提出之后,上海依托自身优势积极参与、主动服务"一带一路"建设,已经取得了很多可圈可点的重要成果。去年是中国的"一带一路"大年,"一带一路"国际合作高峰论坛在京召开。今年对上海来说也是"一带一路"大年,11月,首届中国进口博览会将在上海隆重召开。这不是一般性的会展,是中国主动开放市场的重大宣誓和行动。我们相信,随着进口博览会的召开,上海在"一带一路"建设方面的作用会更加显现,上海必将成为能集聚、能服务、能带动、能支撑、能保障的桥头堡,为"一带一路"建设贡献更大的力量。

"一带一路"建设是一个世纪工程,同时也是一个综合性的系统工程。"一带一路"要行稳致远,离不开官、产、学、研的共同配合。近年来,中联部根据中央的要求,充分发挥自身的机制、人脉优势,围绕"一带一路"软环境建设,大力加强政党交往、民间交流和智库合作,多渠道推动"一带一路"的政策沟通和民心相通。2015年4月,中联部牵头国家多个部委发起成立了"一带一路"国际智库合作联盟。三年来,智库联盟广泛发展合作伙伴,深入开展调查研究,积极参与政策解读,目前已经拥有国内成员单位138家,国外成员单位112家,建成了一个覆盖面广、代表性强、权威度高、影响力大的国际智库合作共同体。可以说,智库联盟已经成为"一带一路"建设的一支重要力量。习近平主席在去年5月召开的"一带一路"国际合作高峰论坛上特别强调,要发挥好智库作用,建设好智库联盟和合作网络。目前,智库联盟正在按照习近平主席的要求,进一步创新智库合作模式,努力打造"一带一路"建设的智慧集聚地和信息枢纽站,不断提高对"一带一路"的支撑力和贡献度。

上海社会科学院是智库联盟的重要成员和合作伙伴。我们也注

探寻国际合作新机遇

意到,《上海服务国家"一带一路"建设发挥桥头堡作用行动方案》专门提到,要发挥好智库联盟的作用,加强与"一带一路"国际智库联盟的合作。今天的论坛就是智库联盟和上海市合作的一次尝试,智库联盟下一步将继续加强与上海市有关部门和我们理事单位的交流与合作,发挥好联盟的思想源、政策源、舆论源的作用,助力上海成为"一带一路"建设的桥头堡。

各位嘉宾、各位朋友,本次论坛聚焦新合作、新机遇,聚合了政府、企业、智库等多方面力量,融汇了海内外的不同声音,期待这次论坛是一次思想的盛宴,期待此次论坛能在以下几个方面取得一些成果,推动"一带一路"建设做稳、做实、做深。

一是从规律层面梳理好"一带一路"建设五年来取得的成就和经验,对未来发展趋势、可能面临的挑战进行科学研判,提出务实、管用的建议。

二是期待与会的外国朋友从自己国家的角度出发,多提合作建议。参加今天论坛的有联合国系统的官员,有来自阿富汗、保加利亚、日本、韩国、菲律宾和孟加拉国等国的朋友。"一带一路"建设必须以需求为导向,中国很希望了解沿线国家最真实的需求,希望提供最好的、最能和沿线国家需求匹配的合作方案。同时,"一带一路"的目标是要构建中国与发展中国家、与西方发达国家三方共赢的合作关系。

三是期待与会专家就"一带一路"建设与长江经济带开发、粤港澳大湾区建设和京津冀协同发展等国内重大规划相协调开展深入研究。比如说,长三角地区的发展如何与"一带一路"建设协调起来?"一带一路"倡议如何与沿海、沿边、沿江等地区的开发互动?这些题目还需要进一步破题。另外,期待包括企业家代表在内的与会专家能够分享"一带一路"建设方面好的故事和案例。明年,第二届"一带一路"国际合作高峰论坛将在中国召开,我们最近也在向社会各界征集"一带一路"的好故事。好故事不一定是成功的故事，也应该包括一些值得后来同行借鉴的、遇到挫折的故事。好的故事最能打动人心、引起共振，成为服务于"一带一路"建设的鲜活教材。

四是期待智库发挥更大作用。在创新智库作用方面，我们既要开展头脑风暴，又要有务实合作。"一带一路"智库联盟成立之后，我们一直倡导"智库+"的模式，具体可包括"+政府""+地方""+行业""+产业""+社会组织"和"+媒体"。"一带一路"建设需要多方主体共同参与，智库要提高调研成果的转化能力，及时把企业、媒体、社会组织等反映的问题和提供的信息，转化为政策咨询报告，提供给所在国家的政府参考。

各位嘉宾、各位朋友，"一带一路"是一个开放包容的发展倡议，旨在促进沿线各国共同发展和推动构建人类命运共同体。要实现这一美好愿景，需要各国同心协力，需要在座的企业家、媒体朋友们依托自身的优势贡献力量。回首过去，"一带一路"建设成就斐然。面向未来，"一带一路"必将取得更大的成功。我们期待越来越多的朋友参与进来，在"一带一路"建设当中找到新机遇，实现新发展。

最后预祝本次论坛取得圆满成功，谢谢大家！

通过知识与技术合作共享"一带一路"成果

[法国]安格斯·麦基（Angus Mackay）

联合国训练研究所环境部门主任

尊敬的客人们，女士们、先生们：

感谢主办方邀请我参加这次论坛。在此，我要代表联合国助理秘书长尼基尔·塞斯先生向论坛的召开表示衷心祝贺。

"一带一路"是一项非常重大的工程，从人类的历史中来看，所有的进步实际上都是由伟大构想引领的。6000年前的美索不达米亚（即当今伊拉克境内）铺设了第一条道路，这条道路揭开了人类文明的篇章。此后，"一带一路"的雏形即丝绸之路在欧亚腹地展开，极大地推动了人类文明的发展。我们现在看到的"一带一路"，就是在古老的丝绸之路的基础上提出来的，这无疑是对当代的重大贡献。

联合国训练研究所环境部门是一个专门致力于知识传播的机构，我们和77国集团以及中国都有很好的合作。当前，我们致力于实现联合国2030年可持续发展目标。应该怎么做呢？要通过促进在世界各地投资来实现这一点，而且要进一步拓展投资的"绿色"特征。我们要利用好"绿色"的知识，开展好"绿色"的工程。在这方面，政府和企业都需要提高他们的知识和技能。联合国训练研究所环境部门能够在这方面发挥作用。比如说,当前全球气候变暖,面对新的地貌变化和气候变化,如海平面的上升,我们需要设计和建设新的基础设施才能充分应对。另一方面,通过对气候变化及其影响的预测,我们能够更好地建设基础设施,以适应各种各样的前景。毫无疑问,知识和技术能够在此过程当中发挥重要作用,能够让我们提高意识、强化能力,并在各领域的实践中做得更好。这不仅仅有益于我们这一代,而且也对我们的子孙后代有利。

"一带一路"倡议有助于汇集更多金融资源、促进可持续发展。现在全世界的基础设施建设大概需要一万亿美元的投资。不管是清洁水源的保护和利用,还是其他交通设施项目的推进,都需要大量资金。一个社会如果没有充足的基础设施投资,是不可能取得进步的。在基础设施建设存在巨大资金缺口的情况下,"一带一路"倡议能够为相关国家提供资金,并且还可以以此为基础汇集更多的资金。我认为,"一带一路"倡议能够与其他项目合作与对接,包括与联合国 2030 年可持续发展目标结合起来,共同促进人类进步。"一带一路"经过的多是一些较不发达甚至最不发达的国家,"一带一路"建设有助于这些国家改变落后面貌,实现跳跃式发展。

"一带一路"的理念具有开放性和包容性。我相信,在"一带一路"建设过程中,我们能够通过进行更多的对话,促进开放、公平和共享。与此同时,我们从一开始就需要对所面临的挑战保持清醒的头脑,我们可能会碰到诸如生物多样性保护等环境方面的问题。正因为如此,我们需要让利益相关方,包括当地人民和当地政府,都可以充分参与到"一带一路"中来,真正把"一带一路"建设为大家的共享之路。

总之,我们要通过"一带一路"进行更多的相互交流,促进知识传播

探寻国际合作新机遇

和技术共享,最终通过"一带一路"更好地实现相互了解,造福于广大人民。上海社会科学院召开首届"一带一路"上海论坛,有助于实现上述目标。

多层次交流助力"一带一路"倡议蓬勃发展[①]

[乌兹别克斯坦]弗拉基米尔·诺罗夫（Vladimir Norov）

乌兹别克斯坦总统战略与区域研究所所长、乌兹别克斯坦前外长、上海合作组织候任秘书长

尊敬的主持人,尊敬的上海论坛参会者:

非常荣幸在这里跟大家见面,欢迎大家通过视频连线进入我们这个会场。今天在塔什干和上海的会议是同一个主题即"一带一路",这两个会议的举办有利于进一步强化乌兹别克斯坦和中华人民共和国之间的关系,有利于我们在"一带一路"框架下推进更多项目的合作。

2013年,中华人民共和国国家主席习近平在中亚访问的时候提出"一带一路"倡议,该倡议的提出旨在促进有关国家相互之间的贸易投资和其他各方面的关系。我要强调的是,乌兹别克斯坦是第一个积极响应"一带一路"倡议的国家,并在去年5月份派遣高官参加了在北京召开的"一带一路"国际合作高峰论坛,这些都充分地表明我国做好了充分的准备与中国进行合作。古老的丝绸之路在过往午代一直是一条重要的纽带,能够让我们在产品、技艺、艺术、文化等各个方面进行全

---

① 来自连线的"中国与乌兹别克斯坦:'一带一路'倡议的合作前景"国际研讨会现场。

探寻国际合作新机遇

方位的交流,促进了各自文明和经济的发展。同样地,如今的"一带一路"将在新的时代发挥它重要的作用,使得各自的文明能够得到进一步的融合,让我们的经济能够蓬勃发展。

为了拓展"一带一路"合作,我国派出负责具体合作事宜的人员在上海接受培训。我相信,通过类似的合作能够使得中国以及乌兹别克斯坦乃至整个中亚在交通基础设施、经济投资项目以及贸易促进等方面发展出更加紧密的关系。我更坚信,未来"一带一路"合作的逐步开展也将有助于该地区的繁荣、和平和稳定。"一带一路"倡议与上海合作组织的使命高度一致。我国将会出席即将在青岛召开的上合组织峰会,我相信届时两国领导人会就这一话题进行会晤和磋商。我相信,其他的中亚国家以及巴基斯坦等国也会积极参与此次峰会,这些都充分表明了"一带一路"倡议所具有的非凡吸引力。我认为,"一带一路"倡议在未来若能够进一步推出包括科技和人文交流等在内的更多项目,将使各国有更多的机会沟通民心,包括进行媒体方面的交流。中亚地区有许多具有浓郁文化和传统的城市,他们有强烈的意愿来参与相关的活动,例如今年晚些时候将要在上海举办的中国国际进口博览会。我相信,所有这些活动都将在"一带一路"框架下变得更加丰富多彩。

与此同时,还会在"一带一路"框架下开展更多的智库对话与合作,从而不但在政府合作层面而且在学术层面深化彼此间的联系。今天同时在塔什干、上海两地召开的研讨会就是一个非常好的机会,反映了乌兹别克斯坦总统战略与区域研究所与上海社会科学院的良好合作关系。目前,上海社会科学院在哈萨克斯坦成立了海外中国研究中心,我希望我所与上海社会科学院也可以签订一份谅解备忘录,为我们未来的合作提供更好的路径,为"一带一路"的未来发展作出贡献。

最后,我预祝在上海举办的"一带一路"国际研讨会取得圆满成功,同时也希望我们在乌兹别克斯坦塔什干举办的活动也能取得同样的成果。我相信,我们共同的努力将使"一带一路"倡议覆盖到更多的国家,推动"一带一路"倡议与上合组织、联合国等地区、全球国际组织共同协作,共创美好的未来。谢谢!

大会演讲

综述
创造新机遇，谋划新合作

2018 年 5 月 14 至 15 日，由上海社科院、中联部当代世界研究中心和香港贸易发展局共同主办，以"新机遇、新合作"为主题的首届"一带一路"上海论坛在上海社科国际创新基地举行。14 日上午的大会包括开幕式、主旨演讲、大会发言以及与在乌兹别克斯坦同时召开的"中国与乌兹别克斯坦：'一带一路'倡议的合作前景"国际研讨会进行视频连线等环节。中联部原副部长于洪君、阿富汗驻华大使贾楠·莫萨扎伊、保加利亚前驻华大使乔奇·佩奇诺夫、日本国际贸易投资研究所首席经济学家江原规由等进行了大会发言。大会发言嘉宾对"一带一路"建设形势进行了评估，并重点就如何深化建设步伐、拓展国际合作进行重点探讨，形成了广泛共识。

一、 对"一带一路"建设进展的评估

今年是改革开放四十周年，也是"一带一路"倡议提出的第五年，具有标志性意义的首届"一带一路"国际合作峰会召开一周年。如何在此关键的节点之年回顾和评估"一带一路"倡议的建设进展？与会嘉宾从各自角度展开评价，既充分肯定其成绩，也指出了一些存在的挑战或

探寻国际合作新机遇

问题。

与会专家均强调"一带一路"的重要意义,认为这是中国顺应时代发展潮流,把握人类进步大势,为优化和完善全球治理体系而提出的中国方案、中国智慧,是中国特色大国外交的重要"引擎"和中国作为新兴大国为全球提供的最重要的公共产品。安格斯·麦基强调,"一带一路"是一项非常重大的工程,在人类历史上,所有的进步实际上都是由伟大的构想引领的。不少与会者强调了"一带一路"的鲜明时代内涵,如江原规由认为,中国改革开放今年迎来四十周年,"一带一路"优先建设基础设施、优先建设经济特区和边境经济合作区,以及追求合作共赢,实际上是一种中国改革开放的国际化。于洪君强调,当前国际形势发展变化中的不稳定性、不确定性和不可测性,比以往任何时候都显得格外分明,"一带一路"带动国际格局变革的意义和作用因此将倍加彰显。根据金鑫在演讲中的介绍,近期国际金融论坛与英国中央银行杂志对"一带一路"沿线 26 家央行作了一项调查,结果显示,九成以上的受访央行表示"一带一路"已经并将继续助力全球经济增长,已经成为全球最具活力和受欢迎的公共合作平台。

一些外国嘉宾结合本国情况介绍了"一带一路"的进展情况。保加利亚前驻华大使、保加利亚"16 + 1"机制国家协调员乔奇·佩奇诺夫强调了"16 + 1"框架对于增进中欧合作的意义。他强调,东欧不同于西欧,在传统上就与中国有密切的联系,有很好的合作基础,"16 + 1"框架对于欧亚大陆上的国际合作是一个重要的推动。但是,"16 + 1"框架不会分化欧盟,相反可以促进中国和欧盟更大范围的合作。他反驳了那种中国利用这一框架在欧洲内部进行分化和瓦解的说法,强调"16 + 1"框架将使得欧洲东部和中部地区得到更好的发展,从而让欧盟内部得到更好的融合。他指出,在"16 + 1"的框架下,不但有政府之间的协调,还有企业之间的合作;双方不仅在硬件方面合作,还在很多软性的方面开展交流，包括相互知识的交流和最佳实践的互鉴等。阿富汗驻华大使贾楠·莫萨扎伊则介绍了中阿两国领导人对于推进阿富汗"一带一路"建设的高度政治认同，以及两国元首在 2016、2017 年会晤期间达成的相关重要协议。

在"一带一路"建设的领域进展方面，上海社会科学院经济研究所沈玉良研究员特别分析了电子商务在推动"一带一路"国际贸易合作方面的新实践与新进展。他强调，20 世纪 90 年代以后电子商务的发展，正成为推动国际贸易的新手段，而"一带一路"沿线国家的各个电子商务平台趋向于成熟，电子商务得到了很大的发展。但当前的问题是：第一，有的国家的互联网基础设施仍然比较落后；第二，各国政府之间在电子商务方面的合作还相对比较少，包括基础设施能力建设、政策沟通等；第三，企业之间的合作相对比较差，包括电子商务方面的语言、海外仓的建设等。当前，中国正致力于从几个方面推动电子商务合作的发展：第一，在多边层面提出了电子商务的方案；第二，在区域层面的推动，如当前有十几个区域协定如中韩、中澳自贸区协定以及谈判中的 RCEP（区域全面经济伙伴关系，Regional Comprehensive Economic Partnership）等，都含有电子商务条款；第三，与相关国家签署关于电子商务合作的谅解备忘录，目前已经与十个国家签订。沈玉良强调，中国为"一带一路"沿线国家提供了完备的产业链和巨大的市场，能够也需要在推动"一带一路"电子商务合作方面发挥更大的作用。

不同于经济领域，有些国家从地缘政治的视角、基于陈旧的国际政治思维，对于"一带一路"倡议做出了负面的反应，与会嘉宾对此也进行了深刻剖析。上海社会科学院智库研究中心理事长黄仁伟研究员指出，由于中国提供的"一带一路"是一个巨大的公共产品，其他大国难免会有焦虑，某些时候还会阻碍，甚至于反对，所以我们要认真地思考大国因素和风险控制。他把大国分成三类，这三类大国都感觉中国动了自己的奶酪。第一是周边大国。第二是离中国比较远的大国,如欧盟、巴西和南非。欧盟原来比较支持,但最近德国外长和总理带头批评"一带一路"。第三也是反对最严重的国家,那就是世界的霸权国美国,其担心远远超过基础设施本身,它主要是担心中国改变国际秩序。上海社会科学院国际问题研究所常务副所长刘鸣研究员指出,美国原先对"一带一路"反应还是比较温和的,但从去年开始已经发生了很大的变化,其所谓的"印太战略"就主要是针对中国的海上丝绸之路。印度则最关心它周边的几个国家,如孟加拉国和斯里兰卡,也认为其在这些地方的利益受到"一带一路"的威胁。

二、 多层次发力,推动"一带一路"行稳致远

"一带一路"建设的成绩有目共睹,经验需要总结,举措需要创新。与会嘉宾的分析视角涵盖宏观与微观,从多个层次、方面论述了如何深化政策部署与创新建设步伐,推动"一带一路"更加稳妥、顺利地开展。

国际合作必须稳步推进。于洪君认为,要使"一带一路"这一世纪倡议由良好的愿景变为美好的现实,还有许许多多的工作要做。他强调要做好四个"强化"。第一,要强化"一带一路"国际合作的对外解读,努力提高"一带一路"外宣的效果,使国际社会和周边国家能够准确把握"一带一路"旨在共同发展和繁荣的真谛和要义。第二,要强化"一带一路"的政策沟通,沟通的内容不仅涉及具体的项目和工程,还要包括发展理念和思路。第三,要强化"一带一路"国际合作的实践创新,要高度重视"一带一路"实践中的技术创新、政策创新与合作模式创新。第四,要强化"一带一路"国际合作的经验推广,不但要全面总结"一带一路"建设中的业绩和成果,还要注意总结"一带一路"建设中所积累的经

验和教训。在建设路径上，他提出：第一，通过互联互通，开辟区域性、全球性联动发展的新路径。第二，通过广泛合作，构建多种形式平台与伙伴关系网，要注意发挥"中国＋"的作用，比如说与东盟的"10＋1"，还有中国与中东欧的"16＋1"。第三，通过互利共赢，打造利益深度交融与责任与共的国际关系新格局。第四，通过优势互补，实行文明互鉴互通，推动人类社会走向共同发展与进步。

在战略的推进与落实方面应以审慎为本。中国人民大学教授、国务院参事时殷弘认为，"一带一路"建设一方面要奋发有为，另一方面需要审慎从事，包括心态审慎、政治审慎和战略审慎三个方面。具体的体现有：在与相关国家合作时，必须与东道国的发展与生活经验对接，不能想当然地设定中国大搞基础设施建设和投资拉动经济的经验一定受欢迎；在具体的方式上，我们应该少说多干，倡议应该更多地来自其他国家；在项目的推进速度上不可求快，必须从中国经济和财政全局的视角去规划；在南海争端、中印边界争端等领土争端与"一带一路"建设发生冲突时，需要在轻重缓急的次序方面做出正确决断。

应通过"绿色"发展、可持续发展提高"一带一路"的含金量。安格斯·麦基希望"一带一路"建设能够与联合国2030可持续发展目标的实现结合起来。要完成2030目标，就需要在世界各地促进投资，并且要进一步拓展"绿色"投资。他认为，"一带一路"能够汇集更多的金融资源，能够促进可持续发展。通过"一带一路"，可以改变一些国家的落后面貌。但他也强调，在"一带一路"建设过程当中，会碰到生物多样性保护等环境保护的问题，需要让利益相关方包括当地的人民、政府参与相关进程，从而把"一带一路"建设成为大家的共享之路，同时通过"一带一路"进行更多的交流，促进知识的传播和技术的共享。但也有代表指出，在相关项目施工的开始阶段，肯定是生态破坏的程度大于建设的程度。但等到项目完成了，生态是可以某种程度恢复的，只是时间比较长。但我们不能用建设第一年的生态去描述 20 年以后的环境状况，那是不合理的。

建设新型的国际贸易平台。江原规由提出，"一带一路"应该发展成为新型超级自由贸易区（FTA）和新型国际关系的平台。根据他的统计，截至 2018 年 1 月，中国已经与 17 个"一带一路"沿线国家和地区签订了 7 个 FTA。今年，中国还在就 10 个 FTA 的签署进行谈判，其中包括区域全面经济伙伴关系协定（RCEP）、日中韩超级 FTA 等。所以，迄今为止中国的 FTA 网络主要集中在沿带沿路国家，"一带一路"已经成为中国建设 FTA 网络的核心。他认为，"一带一路"FTA 网络极有可能发展为超级 FTA。有别于通过 TPP 等形式建设超级 FTA，中国主要是通过伙伴关系建设"一带一路"超级 FTA。中国已经在世界范围内构建许多伙伴关系，伙伴关系的实质是相关国家和中国建立一定的信赖，在政治问题上基本保持一致意见。这种关系最大的特点是，它缺乏具有约束力的条约和协定，而是通过国家元首和首脑基于信赖关系发表的共同声明来进行构建和提升。通过建设基于伙伴关系的超级 FTA，中国正在建设"一带一路"朋友圈，并在"三共精神"的基础上提供国际公共产品。

还有代表提出一些具体的服务于"一带一路"建设的倡议。如金鑫提出，"一带一路"建设应该与长江经济带开发，粤港澳大湾区建设，以及京津冀的协同发展相协调。在智库作用上，应该倡导"智库＋"的模式，智库一定要加各级政府、行业与产业，还要加社会组织和媒体，以为"一带一路"建设提供扎实的智力支撑。香港贸易发展局研究总监关家明认为，"一带一路"建设要发挥市场的力量，特别是在一些我们一般认为是国家行为、公共行为的领域，包括基建，都可以通过市场的办法去落实。

三、 境内外互动，巩固"一带一路"互利共赢

国际合作是本次论坛中出现的一个高频词，而沪港合作也作为重要议题被屡屡提及。把"一带一路"真正做成国际性事业，这样才能消减外部阻力、取得真正成功，这已成为与会代表的共识。如何打通境内外各种阻隔与鸿沟，探讨务实合作的路径，是大会发言嘉宾的重要焦点。相关观点主要集中在以下三个方面：

一是如何与沿带沿路国家开展合作。

贾楠·莫萨扎伊大使强调，在"一带一路"的沿线国家中，阿富汗处在一个重要的枢纽位置。通过阿富汗这个门户，亚洲和欧洲才能进行更好的连接。他强调，其政府的目标是恢复阿富汗作为一个陆上桥头堡的功能。他认为，鉴于"一带一路"背景和阿富汗的地缘位置，他的国家可以成为一个平台、一个连接器，成为中国连接巴基斯坦、连接中亚和西亚国家的走廊。考虑到当前阿富汗的安全形势，他呼吁，为了保证获得成功，必须建立跨国的反恐、反犯罪的网络。

乌兹别克斯坦对于强化与中国在"一带一路"建设方面的合作兴趣浓厚。与论坛同时举办的"中国与乌兹别克斯坦：'一带一路'倡议的合作前景"国际研讨会就是由上海社会科学院与乌兹别克斯坦总统战略与区域研究所联合主办的。通过视频连线，该所所长、乌兹别克斯坦前外长、也是上海合作组织候任秘书长的弗拉基米尔·诺罗夫先生指出，两个国际会议的同时举办，能够进一步强化乌中关系，推进在"一带一路"框架下的更多项目合作。他强调，乌兹别克斯坦积极响应"一带一路"倡议。丝绸之路在古代一直是一条重要的纽带，沿路国家能够在产品、技艺、艺术、文化等各个方面进行很好的交往，从而促进了各自文明和经济的发展。他相信，当前的"一带一路"倡议将在新的时代发挥

它的重要的贡献，使得各自的文明能够得到更好的融合，也能够让沿带沿路国家的经济得到更好的发展。

二是如何与关键大国开展国际合作。

在合作的方向上，时殷弘强调中国应该穿过和跨越太平洋，开展进一步的经贸突击，与日本、美国、加拿大等太平洋国家之间实现大规模的互惠开放。他认为，中国已经有多方面的境外能源和矿产来源，如继续以资源进口来布局"一带一路"，反而有可能削弱国内结构改革的倒逼动力。从长期来说，中国相对最缺乏的是广义的技术，而这个基本上只能从中欧、西欧和北美、日本得到。刘鸣也认为，丝绸之路要取得成功，就要与美、日、印等国加强合作，其中美国是关键。虽然美国不可能在政府层面支持"一带一路"，但可以充分利用 APEC（亚太经济合作组织）等平台，同时中国还应该积极与世界银行、亚开行等负责金融保障的机构对接。对于日本，应该抓住特朗普搞贸易保护主义制造出来的机会。中国现在和美国的合作，在技术上受到很多限制，所以今后和日本的合作应该是重点。

在合作的内容与路径上，黄仁伟强调，中国应该同大国合作对"一带一路"建设的风险进行控制，包括应对恐怖主义、管控经济风险（如确保资金流动的稳定）、应对非传统安全以及保护生态等。一个巴掌拍不响，黄仁伟认为，相关大国必须改变如下战略思维，才能适应"一带一路"：第一，"马歇尔计划"式的思维。与之不同，"一带一路"不是一个基于政治标准的战略，更不是建立盟国体系的战略。第二，势力范围的思维，即认为就是"一带一路"建设到哪里，哪里就会变成中国的势力范围。第三，盟国集团思维，中国在"一带一路"建设中有一些被认为是战略支点或优先发展的国家，但是他们不是西方意义上的盟国。第四，把中国的"一带一路"和周边国家的关系看成是华夏的朝贡体系的延续与复制。只有改变上述思维，才能去除与中国"一带一路"建设合作的深层次障碍。

三是沪港合作。

关家明认为，上海香港两个地方的合作可以主要从两个层面展开：第一个是互相借助对方的一些经验长处，把对方好的地方拿过来，不好的引以为鉴。第二个是互相合作，利用对方的平台。上海是中国社会主义制度框架下最国际化、经济实力最强的一个城市，而香港是国内境外跟国际经济结合，在资本主义市场制度为主的制度框架下的一个发达的国际城市。这两个城市不同的定位对"一带一路"来说缺一不可。上海了解中国的经验，香港了解海外的经验，两个城市如果能够结合起来，很多方面就水到渠成。

经济方面沪港双方如何互补，关家明提出如下四个方面：一是投资贸易，以2018年11月份在上海将举办的进口博览会为契机，双方合作引进买家、推动进口。同时香港在帮助国内产品出口方面，也可以扮演重要角色。作为全球重要的对外投资的管理中心，香港可以为"一带一路"对外投资提供便利。二是金融方面，他不认为上海跟香港是竞争者关系。上海可能是在岸人民币的国际金融中心，香港会变成一个离岸人民币的国际金融中心。一个国家经济要往国外发展，就肯定需要一个离岸中心。三是产业，香港的服务业可以帮助上海制造业的水平提高。第四，法律平台。中央政府用的是大陆法，香港基于历史的原因是用普通法。两个法系在全球都有用到，双方合作有利于为"一带一路"建设谋求更好的法律环境与支持。

（李开盛供稿）

稳步推进"一带一路"国际合作，坚定引领世界格局有序变革

于洪君

中联部原副部长、中国人民争取和平与裁军协会副会长

尊敬的主持人、各位嘉宾：

大家上午好！很高兴有机会来到上海，应邀出席上海社会科学院、中联部当代世界研究中心、香港贸发局等单位共同主办的首届"一带一路"上海论坛。刚才主持人也提到，大家也都记得，一年前的今天也就是 2017 年 5 月 14 日，"一带一路"国际合作高峰论坛在北京隆重召开。一周年后，我们大家聚集在这里，全面回顾和总归"一带一路"倡议提出五年来已经取得的各个方面的经验，深入研讨持续推进"一带一路"建设过程中面临的新形势、新任务，这无论是对于加速中国走向世界和世界走向中国这一双向伟大的历史进程，还是对于引领国际格局变革新趋势，都具有显而易见的意义和价值。我相信并真诚地祝愿我们这次高规格、高水平的论坛能够取得预期的丰硕成果。

下面我想就进一步强化"一带一路"国际合作、积极引领国际格局有序变革问题谈几点不成熟的个人看法，请大家批评指正。众所周知，目前我们所在的世界仍然处在冷战结束以后秩序未定的大发展、大调

整时期，这是一个历史过渡时期。一方面，人类社会走向进步和繁荣的步伐大大加快了，和平与发展、合作与共赢作为不可阻挡的时代潮流汹涌浩荡。另一方面，世界格局转换与力量对比嬗变引发的矛盾和冲突，令人始料不及。面临矛盾和冲突、挑战，国际社会陷入了深深的困惑之中。正是在这种形势之下，习近平总书记于 2013 年秋季提出了中国与周边国家乃至全世界共同努力开展"一带一路"建设，以求共同发展与进步的世纪倡议，这就是"一带一路"倡议。去年 5 月，中国在北京成功地举行了"一带一路"国际合作高峰论坛，为"一带一路"建设全面、深入、持久、平稳地向前发展指明了方向和路径。

四年多来，特别是"一带一路"国际合作高峰论坛后的一年多来，"一带一路"建设全面推进，取得了举世公认的成就，国际社会对"一带一路"倡议的认知、认同和认可度越来越高，支持、赞赏和参与"一带一路"研究的国家、区域组织和国际机构越来越多，大量数据和事实已经无可辩驳地证明并且会继续证明这一点。与此同时，我们必须看到，世界是复杂的，是由多方面因素影响的。要全面履行习近平总书记代表中国向国际社会作出的这一庄严承诺，使这一世纪倡议由良好的愿景变为美好的现实，我们还有许许多多的工作要做。

我想要做好以下四个方面的"强化"。第一，要强化"一带一路"国际合作的对外解读。"一带一路"倡议提出以来，应当说我们在对外宣传方面已经做了大量的工作。"一带一路"不仅成了我们处理对外关系的高频词，同时也成了国际关系领域中的常用词。我们不是夸大其词，现在世界各国的专家学者都在高频率使用"一带一路"这个概念。但我们不可否认，由于我们自身工作的某种不足，还有不能理解的某些外部原因，"一带一路"被曲解、误读和有意歪曲的问题还相当突出，我们要通过媒体宣传和人与人当面交流，通过走出去、引进来等多种方式，继续加大"一带一路"对外传播的工作力度，努力提高"一带一路"外宣的效果,使国际社会和周边国家能够准确把握"一带一路"旨在共同发展和繁荣的真谛和要义,这是第一个要强化。

第二,要强化"一带一路"的政策沟通。任何国家的建设都是涉及国计民生的大问题,都与国家的经济安全密切相关,我们与任何国家开展互联互通建设,都会涉及双方的利益格局和利害关系,都会不同程度地触及国家的主权和尊严问题。因此,任何"一带一路"项目的启动、推进和运行,都要坚持开展政策沟通。这种政策沟通应当是广义的,而不是狭义的;应当是长期的,而不是权宜的;不仅涉及具体的项目和工程,也涉及发展理念和思路;不仅涉及一个国家,有时也涉及多个国家和区域组织,甚至国际组织;不仅做政府的工作,还必须做地方政要包括非政府组织(NGO)的工作。

第三,要强化"一带一路"国际合作的实践创新。"一带一路"建设是我们中国人提出来并全力推动的,但它却是以世界各国广泛参与、国际社会同舟共济为主要实现方式,是涉及金融合作、经贸合作、科技合作、人文合作、安全合作、生态合作齐头并进的大事业,是创新发展、再创新再发展,循环往复而没有止境、长期实践的一个系统过程。所以,我们要高度重视"一带一路"实践中的技术创新、政策创新与合作模式创新。"一带一路"合作中要解决创新问题,不能一成不变,固守既往的模式。

第四,要强化"一带一路"国际合作的经验推广。"一带一路"建设是我国坚持对外开放基本国策的集中体现,是中华民族顺应历史大势与时代诉求而展开的长期行动。"一带一路"建设的国际性和长期性,决定了"一带一路"倡议的包容性和开放性,靠我们自己单打独斗是做不长的。国际合作也是"一带一路"建设中合作伙伴和整个国际社会对我们的共同期盼和要求,甚至可以说是一种压力。我们不但要全面总结"一带一路"建设中的业绩和成果,还要注意总结"一带一路"建设中所积累的经验和教训,注意"一带一路"建设经验的推广和复制,要将更多的国家和伙伴吸引到"一带一路"建设的伟大国际事业中来。

尊敬的主持人、各位嘉宾，当前国际力量对比变化进一步加剧，中国作为世界第二大经济体和负责任的发展中大国的地位和作用急剧上升，由此引发的国际格局转换和世界秩序调整，都在向纵深发展。国际形势发展变化中的不稳定性、不确定性和不可测性，比以往任何时候都显得格外分明。尤其是 2017 年 1 月唐纳德·特朗普先生就任美国总统以后，后冷战时代的强权政治有了新发展，经济发展与军事冒险相叠加的美式扩展主义是我们必须注意的新情况。美国与外部世界的关系，正在"美国第一、美国优先"的口号下被全面重塑。国际社会普遍公认的一些国际关系准则，包括国际经贸规则和世界经济秩序都受到了肆无忌惮的冲击和挑战。特朗普先生发动的贸易战不仅仅针对中国，也针对国际社会，不仅中国反映强烈，整个国际社会都为之不安。中美构建新型大国关系的进程遭遇到严重挫折，国际社会谋求均衡、稳定、协调的大国关系与互利、合作、共赢的关系的努力，因为反复无常、刚愎自用的特朗普先生而蒙上了阴影。"一带一路"倡议作为推动共同发展的中国方案，作为中国特色大国外交的重要"引擎"，带动国际格局变革的意义和作用将倍加彰显。

因此，我们要积极谋划，努力做好如下四项工作。

第一，通过互联互通，开辟区域性、全球性联动发展的新路径。我们所倡导和推进的"一带一路"建设，本质上是要通过不断加强各国间的基础设施互联互通，使中国周边的国家形成相互依存、密切联系的大市场，为实现货物、人员以及技术、基金的自由流通创造条件，这本身就是区域一体化不断深化的过程。在当前反一体化、反全球化浪潮逆流的形势下，"一带一路"建设本身就是开辟区域性、联动性发展的新道路，我们对此要有清醒的认识，国际社会也应该充分认识到这一点。

第二，通过广泛合作，构建多种形式平台与伙伴关系网。倡议并大力推进"一带一路"建设,是我们中国共产党人为人类共同进步作出的独特贡献,其实现必须以异常广泛和深入的国际交流与合作为前提。这种交流与合作首先是双边的,同时也有多边作为补充,交流合作的内容涉及政治、经济、贸易、金融、科技、人文、安全、生态、海关、标准等诸多领域,因此需要搭建形式灵活多样的对话机制与交流合作的平台。要高度重视"一带一路"国际合作高峰论坛的引领作用,现在就应该着手筹备好明年召开的第二届北京峰会。同时要注意发挥"中国＋"——比如说中国与东盟的"10＋1"、中国与中东欧的"16＋1"——等合作机制的作用,注意发挥亚投行、丝路基金、上海合作组织以及金砖国家合作等新兴国际合作机制的作用和影响,不断拓展"一带一路"国际合作的伙伴关系网。

第三,通过互利共赢,打造利益深度交融、责任与共的国际关系新格局。无须讳言,倡导并推进"一带一路"建设,首先有助于中国更好地利用国内、国际两种市场,有利于中华民族走向繁荣富强和全面复兴。与此同时,我们奉行的是新型合作观,我们追求的是命运与共的大目标。因此,我们在规划"一带一路"项目的时候要始终着眼于风险共担、成果共享,要推动形成平等相待、友好协商、沟通发展的新局面,进而推动形成经济发展均衡、普惠的国际关系新格局。

第四,通过优势互补,实行文明互鉴互通,推动人类社会走向共同发展与进步。人类社会本来就是多元文明共存共融的联合体,是不同管理模式和多种发展道路相互作用的大家庭。各个民族和不同国家之间的相互联系与密切依存,必须也只能通过自然资源互补和发展经验共享来实现。归根到底,"一带一路"的提出并推进有助于世界各国不同发展路径的沟通与合流。因此,借助"一带一路"推动世界多极化和经济全球化,促进人类命运共同体意识的生成和发展,应当成为我们开展"一带一路"建设始终不变的出发点和落脚点。

"一带一路"宏图与战略审慎必需

时殷弘

中国人民大学教授、国务院参事

2013 年,习近平主席提出建立丝绸之路经济带和打造 21 世纪海上丝绸之路的倡议。十八届三中全会通过了《中共中央关于全面深化改革的若干重大问题的决定》,正式提出推进丝绸之路经济带、海上丝绸之路建设,形成全方位开放新格局的要求,"一带一路"倡议由此上升为我们国家的重大举措。

"一带一路"倡议顺应了当今世界经济、政治、外交格局重大的新变化,为中国的经济发展和对外开放注入了新的内容,为维护国内安全、营造和谐稳定的周边环境,为整个全球性国际关系的进一步改善指明了新的方向。在中国,围绕"一带一路"已有大量富有意义的讨论。我认为,还需要加强目前尚不充足的讨论,即在奋发有为的同时,需要审慎从事。归结起来,我认为要心态审慎、政治审慎和战略审慎。

首先,必须将"一带一路"真正做成国际性事业,只有这样才能消减外部阻力,争取真正成功。现在关键的瓶颈在哪里?存在于中国和多个国家之间的双边磋商和谈判之中。我们应回过头来去深度理解:"一带一路"既是中国的事业,也是国际的事业。应该思索"一带一路"国家的需求,探寻他们各自真正需要什么,而不能由中国界定他们需要什么。在这个方面,必须充分重视中国与"一带一路"沿途国家当代生活经验进行对接,包括发展经验的对接。我们不能想当然地设定:中国大搞基础设施建设和投资拉动经济的经验,一定会受到欢迎。我们应该充分考虑不同国家的特殊性。

还有,"一带一路"倡议应该由更多中国之外的国家参与进来。如果"一带一路"倡议在很长时期内,主要是来自中国具体的倡议、具体的方案、具体的建议,这是不应当的。我们需要将某些重大的倡议留给别人,为此可以等待,在等待中妥善地进行动员,由此提升别国的主动性和积极性。我们必须明确认识到来自中国有关方面的规划只是"一带一路"倡议规划的一部分,还需要有与合作国家共同发展的规划,而且真正算数的应该是与合作国家共同发展的规划。我们自己的战略规划也要根据共同的规划予以调整。

此外,我认为推进"一带一路"等宏伟项目的速度不可过快。饭要一口口吃,仗要一仗仗打。一定要对我们中国人的知识限度、影响力限度和战略策略的精明限度有准确的认识,需要仔细分辨不同问题领域、不同区域和不同国家的具体形势,并在此基础上形成不同的设想和规划。这些设想和规划要接受实践的考验,要经过实际情况的调整,才能真正成为可实践的设想和规划。在"一带一路"推进过程中,一些方面可以加快和加强,另一些方面则可以放缓和收缩,以待基本条件的调整。最重要的是,"一带一路"要真正注重互利互惠、互创共创、共有共管,要尊重对方、礼让对方。

最后,我还想谈谈中国经济外向扩展的根本内在问题。"一带一路"倡议在中国掀起了空前大热潮,目前主要推动面向南部和北部的高铁输出、中巴经济走廊和孟中印缅四国经济走廊,以及在非洲、拉丁美洲等地扩展。相应地,中国的许多官员、机构、学者和媒体也呈压倒性的西进态势,而较少考虑、较少去规划东进即中国穿过和跨越太平洋去发展经贸关系,也就是与日本、美国、加拿大等太平洋国家实现更大规模的互惠开放。中国可以从南部即"一带一路"国家取得能源和矿产,为某些生产能力在境外找到出路,获得更大的外交影响。但是,中国已经有多方面的境外能源和矿产来源,而且中国在那些能源、矿产地区已经有重大的外交影响,这些国家与地区还能够从中国的"一带一路"得到利润。总体而言,能源与资源的需求并非我们特别着急的,为有些生产能力找到境外出路的好处也大致只是暂时和相对的。从长远来看,中国相对最缺乏的是广义的技术,因此我们应该进一步穿越和跨过太平洋,争取最大最深远利益,也就是吸取广义的先进技术,进入世界技术和操作管理高端的进程。在这方面,中国应当争取以小换大,至多是以大换大。所以,中国不仅要向西看,从长远来说也许更要向东看、向北看。我认为,经过调整实现我们经济向外扩展是一大要务,与推进"一带一路"同样重要。

"一带一路"的大国因素与风险控制

黄仁伟

复旦大学"一带一路"与全球治理研究院常务副院长、上海社会科学院智库研究中心理事长兼主任

今天我要讨论的"'一带一路'的大国因素与风险控制"是一个非常复杂的问题,短时间内可能无法把它讲清楚,我简要从四个方面加以分析。

第一,"一带一路"是中国作为新兴大国在提供公共产品方面最重要的贡献。作为一个大国,它必须要有公共产品并为国际社会提供贡献。如果这个大国它不能提供公共产品或者提供的公共产品越来越少,其大国地位也将随之下降。如果它提供的公共产品越来越多,它的地位也就会随之上升。更为重要的是,该国所提供的公共产品必须要被其他大国及国际体系所能接受,否则便没有价值和意义。

正因为如此,其他大国对该公共产品的态度也至关重要。一个会对国际社会产生重大影响的公共产品难免会使其他大国感到焦虑,从而可能阻碍或反对它在世界范围内的推行。诸如此类的负面因素是中国在推行公共产品时必须考虑的问题之一。而且,"一带一路"涉及诸多国家、地区,极易产生风险。如果中国无法在这一过程中与各大国共同协作控制这些风险,其危险就会超过中国本身能够承受的程度,

所以我们要认真地思考"一带一路"倡议中的大国因素和风险控制。

第二,如何清晰认识其他大国对"一带一路"的态度。我将其简单地分成三类。第一类是中国周边大国,如俄罗斯、日本和印度。俄罗斯长期以来是中国最为紧密的战略合作伙伴,在总体上对"一带一路"倡议表示了支持。日本对"一带一路"倡议充满警惕,因为它认为"一带一路"的原型即亚洲基础设施网络由亚洲开发银行在 20 世纪 90 年代所提出,而日本是亚洲开发银行的主要领导者,日本提出了亚洲基础设施网络而被中国"借用"。另外,日本在东南亚基础设施建设方面经营多年,中国的"一带一路"倡议使其在东南亚失去了许多项目。印度对"一带一路"倡议的态度较为消极。2017 年的"一带一路"国际合作高峰论坛,印度并没有参加。但是,它最近出席了上合组织的活动并确认将参加在青岛召开的上合组织峰会,这也是印度第一次以成员国身份参加上合组织峰会。前段时间,印度总理莫迪访问了中国武汉,他和习近平主席的深入交谈可能导致印度对待"一带一路"倡议态度的变化。莫迪虽然还没有公开表态,但凸显了印度实际上还是有合作的想法。印度最为担心的是"一带一路"倡议会在南亚形成对印度不利的地缘政治环境,该顾虑最终使得印度的态度游移不定。总的来看,上述三个周边大国都没有完全支持"一带一路"倡议,他们都还在犹疑或者彷徨中,希望能够看清中国真正的前进方向。

第二类是在地理位置上距离中国较远的大国和组织,例如欧盟、巴西、南非等。在这些国家和组织中,巴西和南非政府几乎缺乏和中国讨论"一带一路"愿景的资本。欧盟的发言权更大,其原本态度也是较为支持的。例如,在亚洲基础设施投资银行成立时,许多欧盟成员国都加入了进来。但由于东欧 16 国提前和中国结成了"16 + 1",欧盟对此并不太高兴,以致于最近德国外长和总理对"一带一路"倡议发表了不太友好的言论。而在此之前,中德之间的合作关系是非常融洽的。

最后一类就是美国,美国对"一带一路"的态度基本上是负面的。在2017年12月份公布的《美国国家战略安全报告》中,美国把中国定位为修正主义国家,认为其核心就是改变国际秩序,而"一带一路"倡议就是实现这一目的的重要途径。中国所要推行的"一带一路"建设使得美国非常担心它领导多年的国际秩序、国际体系出现解体,其领导的盟国体系会出现松懈,进而会导致大量中小国家转而采纳中国模式、中国道路。所以,美国对"一带一路"的看法远远不限于基础设施建设范畴,甚至认为"一带一路"倡议对美国软实力的影响大于对基础设施的影响。

第三,上述这些大国的战略思维如何转变才能适应"一带一路"建设。这些大国用一些旧的思维来看待"一带一路"。第一种就是"马歇尔计划"式的思维。在很长一段时间内,这些大国把"一带一路"倡议等同于"马歇尔计划",而"马歇尔计划"在考虑其他国家参与时,把政治标准放在第一。但"一带一路"倡议不是一个基于政治标准的战略,更不是建立盟国体系的战略,所以用"马歇尔计划"的思维来判断"一带一路"绝对是错误的。第二种是势力范围思维,认为"一带一路"的覆盖范围将自动变成未来中国的势力范围,这也是大国较为容易形成的一种旧式传统思维。中国也要力图避免以这类思维来指导自己的行为。第三种是盟国集团思维。在"一带一路"国家中,有一些被认定为战略支点的,也有一些优先发展合作计划的国家,但他们并不是中国的盟国。例如,中巴走廊、中缅走廊和中南半岛走廊都是我国发展"一带一路"的早期计划,但这并不意味着相关国家就是中国的盟国。同样,中国也不可能与这些国家建立盟国关系,但是有很多国家把这些计划看作是中国建立盟国体系的开始。第四种就是把中国的"一带一路"和周边国家的关系看成是恢复华夏朝贡体系之举,甚至国内的一些学者也提出此类论调。这些旧的思维不仅束缚了这些大国,在某些时候也影响了我国战略研究。若不改变这些旧有思维,"一带一路"想要促成大国合作将举步维艰。

最后,我们必须要认识到"一带一路"是充满风险的,其中所蕴藏的机遇可能在某种程度上还没有风险大,因此对风险的评估和控制是"一带一路"成功与否的关键所在,缺少大国合作将无法对"一带一路"进行有效的风险控制。经济方面存在风险,如汇率、国际合同、国际标准在许多国家可能随时发生变化,中国是否能保证这些经济合同履约的稳定性? 这些都是挑战,要在制度层面加以约束,就需要大国的参与合作。除此之外,还有一些非传统安全的问题需要纳入大国合作的考虑范围,比如国际犯罪、国际疾病的流行等。随着"一带一路"推进,还可能会产生一些非法的人口流动。若缺少与大国的合作,这些问题会变得尤为严重,影响"一带一路"倡议的有效推行。

除了上述四点之外,可能还需要考虑"一带一路"的生态建设问题。有许多 NGO 组织在"一带一路"沿线的国家内活动并以生态问题来阻挡"一带一路"在某个地区的开展,所以在推进"一带一路"项目时要与这些 NGO 组织进行及时沟通。当然,国际社会必须清晰认识到,大部分"一带一路"基础设施建设在施工过程中肯定是生态破坏的程度大于建设的程度,但项目完成后该地区的生态可以从某种程度上得到恢复,虽然过程或许会比较漫长。所以,关于生态问题,我们必须以长远的眼光来看待。

开放、互利、合作是"一带一路"倡议的基本诉求,中国把"一带一路"向更多的大国开放,与更多的大国实现互利是题中应有之义。就像刚才时殷弘教授所讲,若中国不考虑其他大国的利益诉求,"一带一路"倡议也很难得到推行。在一定条件下,应努力推进与大国间的合作,最近日本、俄罗斯、印度态度也都在发生转变。我希望,我们周边的这三个大国能够成为第一批和中国在"一带一路"建设方面进行深入合作的大国。

阿富汗："一带一路"沿线国家的重要枢纽

[阿富汗] 贾楠·莫萨扎伊 (Janan Mosazai)

阿富汗伊斯兰共和国驻华大使

尊敬的各位嘉宾，朋友们，女士们，先生们：

大家早上好！首先请允许我在此表达我的谢意，感谢上海社会科学院向我发出邀请，使我有机会和大家一起来参加这次会议。阿富汗作为"一带一路"沿线国家中的一个枢纽、桥头堡，它为恢复国家和地区的经济做出了哪些努力、今后如何发挥好它的作用，我愿在此分享我的观点。我祝愿这次"一带一路"上海论坛取得圆满的成功，也非常期待未来能够继续就这个话题进行交流。

女士们，先生们，我们身处于一个非常独特的时代，既有着良好的历史机遇，同时又不得不面对诸多挑战。"一带一路"沿线地区有着更好的发展机遇，但也面临跨地区有组织犯罪和恐怖主义等带来的威胁。在此背景下，我们需要携手共进，共同构建团结的政治意愿，共同应对这些挑战，为我们的人民带来福祉。

由习近平主席提出的"一带一路"倡议具有历史性远见，能够在全球范围内带来广泛的合作。亚洲开发银行所做的相关研究显示，在接下来的 12 年里,亚洲在电力、传输、通信、卫星、饮用水等基础设施建设方面每年都存在巨大的资金缺口。我们认为,在未来,"一带一路"在一定程度上能够很好地填补这些缺口。

在帮助其他地区发展方面,"一带一路"倡议具有非常大的潜力。阿富汗是中国的邻国,在过去一些年中经历了经济的衰退和政治的动荡。我认为,"一带一路"能够帮助阿富汗更好地发展经济、恢复贸易,促进中阿之间的政治联系更为紧密,进一步加强各国间的沟通和交流。各国之间通过"一带一路"倡议相互连接,既包括硬件方面的连接,也包括软件方面的连接,换言之也就是实现民心相通和市场互通。我想这也是"一带一路"倡议的意义所在。

历史上,阿富汗一直是人员、商品交流的重要所在,是连接中东、南亚、中国和其他重要国家的走廊。阿富汗在"一带一路"的沿线国家中处于重要的枢纽地位,与以前在丝绸之路上扮演的重要角色可以说一脉相承。历史上的阿富汗一直在加强与各个主要的经济重镇和文明古国在人力、物力、财力方面的交换,并且见证了这种交流,由此建立了自己的文明。

阿富汗其实是个门户。历史上商人、军人、艺术家还有财富都是通过阿富汗从东方流向了西方,通过这个门户,亚洲和欧洲才能进行更好的连接。在过去 2500 多年的历史当中,阿富汗见证了它作为东西亚十字路口的作用。一位印度的学者曾经写过一本书,其中提到:东和西,南和北,商人不会满足于 2% 的利润。在过去很多年来,阿富汗一直都受益于和中国之间开展贸易以及人员间的相互交流,至于当前地区关系和经济发展,我们的目标是希望能够重新恢复阿富汗作为一个陆上桥头堡的作用。正如我刚才所说,阿富汗是中国通向西北亚的门户,我们也做了很多的努力,不断加强两国之间的合作。在过去三年里,阿富汗已经在推动和中国合作方面取得了很多进展,请容许我在这里做些简单介绍。

首先,阿富汗领导人和中国领导人在各方面都形成了高度的政治认同。阿富汗位于眺望中国和中亚国家的特殊地理位置,所以中国是我们重要的合作伙伴和近邻。两个月之前,中国领导人访问了阿富汗,两国签订了超过 20 项的重要合作项目,包括机场、道路、教育、文化方面的协定。阿富汗也宣布修建从乌兹别克斯坦边境到阿富汗国境内的 500 公里的道路。沿着这条道路,可以让中国和西亚国家更好地相连接。乌兹别克斯坦是一个非常重要的国家,它允许阿富汗使用该国生产设备去进行产品加工,而后销往更广泛的市场。该国还允许阿富汗的商人经过乌兹别克斯坦用火车来运输他们的商品。在过去几年当中,阿富汗还和另外一个邻国土库曼斯坦建立了铁路联系,这有利于帮助我们打开地区内的其他国家市场,如阿塞拜疆、土耳其和格鲁吉亚。我们曾经和印度合作修建天然气传输管道。我们在巴基斯坦和几个国家达成了协议,包括通过阿富汗向巴基斯坦传输电力。我们与塔吉克斯坦的合作也取得了很多进展,我在这里举两个例子。第一是 1 000 千瓦高压传输,通过阿富汗运向塔吉克斯坦。第二是相关国家签订协议,由中国、塔吉克斯坦和阿富汗共同建成多边的丝路光纤网络,在未来几年,从西亚到东亚一直到巴基斯坦,都可以受到丝路光纤电网的覆盖。阿富汗与哈萨克斯坦的贸易关系几年前还不够活跃,现在达到了 5 亿美金并仍在不断增长。我们和西边邻国——伊朗伊斯兰共和国的联系也在不同层面上得到了加强,伊朗成为我们在整个地区内重要的贸易伙伴和通商伙伴。另外,我们和印度、沙特阿拉伯还有土耳其之间也签订了协议,可以让我们的蔬菜、水果、地毯、藏红花和其他的物资运输到这些国家。

现在我要讲讲阿富汗和中国的关系,两国在"一带一路"倡议中是重要的合作伙伴。阿富汗领导人于 2014 年和 2016 年访问了北京。两国元首于 2016 年 6 月和 2017 年 7 月分别举行了两次会晤，就三个方面达成了协议：第一是铁路，第二是能源，第三就是光纤的传输。在铁路方面各方已经达成了共识，五国（包括中国、塔吉克斯坦、吉尔吉斯斯坦、阿富汗和伊朗）铁路将会连接中国的新疆、塔吉克斯坦、阿富汗一直到伊朗。此外，乌兹别克斯坦、阿富汗和中国将会在未来为建设基础设施项目进行融资，融资对象既包括像风能、太阳能等可再生能源的项目，也包括传统能源项目。阿富汗政府还正在推动亚洲基础设施开发银行以及其他私营部门来共同注资建设这些能源项目。刚才提到的光纤网络是一个多国合作项目。基于已经完成的可行性调研，这些光纤传输的网络将会使中国和中东、非洲、欧洲国家之间的传输节省约 30％ 的时间，这样就可以达到节约开支的目的，同时带来效率的提升。另外，我们也强化了阿富汗和中国企业间的合作，既包括中国民企，也包括中国的国企。2017 年，阿富汗政府获得了来自中国不同行业——包括铁路、能源、道路建设以及其他领域——的总共价值达到 10 亿美金的合同。阿富汗希望，更多有资质的中国企业，包括通信、药品等各个行业，来阿富汗探索贸易及建设的机会。贸易方面，我们也取得了一些进展，解决了一些贸易失衡的问题。根据协议，我们将本国产的藏红花、松子、宝石和坚果出口到中国。双方在 2017 年 5 月间的第一届"一带一路"北京峰会期间签订了重要的海关协定。今年，我们希望能够参加 11 月在上海举办的中国国际进口博览会。

我国在战后取得了很多的进展。目前，阿富汗在全力建设自己的基础设施，以打通自己和各个国家之间的交通道路，特别是在"一带一路"背景下与我们的邻国和中国建立连接。这不仅有助于阿富汗，也有助于整个地区的人民能够脱贫，有助于与各国加强交流与合作。刚才黄教授讲到风险因素，我想要说的是，为了确保"一带一路"能够改变地区发展的方向并获得成功，必须建立跨国反恐、反犯罪网络。如果我们忽视这些挑战的话,它们可能会在将来继续对"一带一路"倡议、对我们的共同愿景和具体项目实施构成威胁。我要强调的是,改变历史的"一带一路"倡议正面临着一些需要各国共同面对的挑战,比方说刚才提及的、迫在眉睫的极端主义和恐怖主义威胁,我们需要跨国网络和跨国机制来对抗这些犯罪行为,各国需要携手共进才能保卫我们的国民安全。在过去的 40 年当中,阿富汗一直都是处于动乱当中,因此非常希望能够走和平发展的道路。

最后,我们相信"一带一路"建设能够带来独特的发展机遇,这个机遇不仅是给中国的,也是给包括阿富汗在内的中国邻国的,更是对国际社会的福音。除了基础设施项目之外,"一带一路"倡议也能够加强沿线各国在其他领域的合作,共同应对我们的挑战,扫除我们的障碍,建立政治互信和卓有成效的合作。

中东欧与"一带一路"

[保加利亚] 乔奇·佩奇诺夫（Georgi Peichinov）

保加利亚前驻华大使、保加利亚"16＋1"机制国家协调员

各位领导、各位嘉宾，女士们、先生们：

上午好！首先我要感谢论坛的主办方上海社会科学院。首届"一带一路"上海论坛的举办是非常及时的，它毫无疑问地反映了我们跟中国进行合作的一种意愿。我们不但要看到跟中国进行合作是我们共同的愿望，还要充分地看到目前世界相互依存已经发展到了一个非常紧密的程度。传统上，东欧跟中国有密切的联系。如今，在"一带一路"的框架下，我们充分看到了复兴古老丝绸之路能给我们带来的好处。我们相信，在欧亚大陆上的经济和社会的互动会给我们带来巨大收益。

2008 年之后，由于全球金融危机爆发，国际合作在一定程度上有所下降。在此情况下，中国政府大胆地提出了"一带一路"倡议，正是在此倡议之下我们现在才有了中东欧国家和中国的"16＋1"合作项目。"16＋1"的所有项目都得到了中东欧国家的欢迎，也是"一带一路"在欧洲的一个重要体现。在"16＋1"框架下，我们已经采取了很多行动。与此同时，很多项目已经在东欧国家落地，成为欧亚大陆国际合作的一

探寻国际合作新机遇

个重要推动力。作为一个见证人,我确实已经看到了"16 + 1"在我们中国和保加利亚之间产生了良好结果。中欧国家都非常自豪地看待各自跟中国的合作。

中国与中东欧国家在贸易、投资与其他方面的交流都有了发展。实际上,"16 + 1"本身已经成为"一带一路"推进的重要试验场。通过"16 + 1",能够交流我们的经验和理念,特别是可以进一步促进更大范围的合作,比如说"16 + 1"或许能够推动中国和欧盟之间开展更为深远的合作。在"16 + 1"的框架下,各国彼此之间秉承丝绸之路平等交流、互利合作的精神,并得到制度上的规范。

与西欧国家有所不同,东欧跟中国有很好的合作基础,我们的发展程度也更适合彼此之间进行合作。在"16 + 1"框架下,双方每年都有开展定期合作的讨论机制。我们相信,"16 + 1"倡议如果获得成功,毫无疑问能够给中国的领导人以更大的鼓舞,使世界看到"一带一路"的确具有国际意义且确实能够给各国带来好处。在"16 + 1"框架下,我们一方面可以充分利用政府之间的协调,以便提出并实施很多重要的倡议,另一方面也可以充分利用企业之间的合作渠道,使各类项目得到更大拓展,同时得到更为持久的坚持。

东欧已经成为新丝绸之路途经的重要地区,这种合作可以让不同文化之间产生更多交流。"一带一路"已经给我们中东欧国家带来了重要的机遇,使得我们的经济有了更大的发展,同时也让两国间合作伙伴关系得到了更大的推进。我们知道,"一带一路"首先要在互联互通方面做文章,中国在这方面的努力已经有所成就,中欧班列已经定期开行,我们的合作纽带得到进一步的强化。另外,在"16 + 1"框架下,很多合作领域包括交通、海关、贸易便利化乃至投资便利化等实际上都有所推进。

在合作的过程当中,部分人不免心存担忧。但是我们相信,经过这几年的合作,人们已经看到了合作的结果是互惠互利的。现在"16＋1"之外的一些欧盟成员国,他们也看到参与"一带一路"能够带来具体的成果,而且这样的合作并不会妨碍欧盟内部的团结。刚开始欧盟内部有一些担忧,认为中国跟一部分欧盟国家进行合作也许会影响到欧盟内部政策的统一,但实际上这种担忧是多余的。"16＋1"实际上可以反过来进一步促进整个欧盟跟中国的合作,因为它的益处已经广为人知。我想"16＋1"未来将会成为中欧合作的一个重要抓手,我们相信与中国的交流不仅仅止于政府层面和企业层面,也不仅仅局限在硬件方面的合作,我们现在也有很多软性的合作,包括相互知识的交流和最佳实践的互鉴。

我也看到,现在东欧和中欧国家接纳了很多中国的投资,跟中国的贸易量也有很大的推进,这个成果有目共睹,也让西欧感到非常羡慕。我们应该为这样的合作成果感到自豪。现在每年中东欧国家领导人都跟中国领导人进行定期会晤,今年夏天又会有"16＋1"领导人见面。这样的机制使我们双方能够更好地商讨合作当中出现的一些问题,使得我们的合作能够得到更好的推动。

于我们而言,"一带一路"是中国正在崛起的象征。中国不仅有强大号召力提出"一带一路"倡议,确实也有能力来推进这样的国际合作平台。中国总是能在全球范围内采取一些未雨绸缪、非常积极的行动。这样的行动主要着眼于促进欠发达国家的发展,其成绩应该得到充分肯定。"一带一路"还可以成为中国跟其他较发达国家之间联通的工具,因为这种合作平台有助于各国之间进行政策协调和项目推进。我对"一带一路"特别是欧亚大陆上的丝绸之路前景感到非常乐观,我相信这一次论坛也能够汇聚各方专家的智慧,使"一带一路"倡议能够得到更有效的推行。

改革开放 40 周年与 "一带一路"

［日本］江原规由（Noriyoshi Ehara）

日本国际贸易投资研究所首席经济学家

　　首先我向上海社会科学院表示感谢，给我这么宝贵的发言机会和大家一起进行讨论。在我发言之前，我先介绍一幅画作。这张画是在2010年上海召开世博会的时候，由访问日本馆的一位上海小学生所画并赠送给日本馆的，当时我在日本馆当馆长。画描绘的是日中两国的小学生挥动着国旗，下面有中国馆、日本馆，其中两位小学生坐的不是飞机，而是象征中日友好的朱鹮。朱鹮十多年前在日本自然地灭绝了，但是经过中日合作交流，中国的朱鹮现在日本的天空中飞翔！上个星期访问日本的李克强总理把两只朱鹮赠给日本，它们作为中日友好的标志，象征着日中两国进入新的合作时代。画中这只朱鹮打算飞到哪里呢？我想一定会飞到"一带一路"的方向。

　　2015年2月，我在福建省泉州市召开的21世纪海上丝绸之路国际研讨会上发言，提出"一带一路"是改革开放的国际化。为什么？最大的理由是，中国改革开放今年迎来40周年，改革开放的经验自"一带一路"倡议提出5年来，在沿线65个国家和地区不断被接受、被实践。比如说，改革开放中出现的种种经验，如优先建设基础设施、优先建设经济特区和边境经济合作区等作为引进外资的基础,如追求共同发展和共同富裕的目的,都在"一带一路"建设过程中得到了很好的体现。

现在中国是世界第二大经济体,它的经济规模占全世界的 15%。中国对世界经济的贡献度则占世界第一位,达到 30% 以上,可以说为世界经济的发展作出了巨大的贡献。"一带一路"沿线国家人口占世界总人口的 2/3,经济规模占全世界的 1/3。我认为,缩小与邻国发展不平衡的问题,正是"一带一路"倡议核心价值的体现,是对世界经济发展作出的贡献。日本如果加入"一带一路"倡议,这种不平衡一定会得到相当改善。我期待日本能够积极参与到"一带一路"建设当中,为世界经济发展作出贡献!

"一带一路"倡议该如何发展?我认为,"一带一路"应该发展成为满足世界需求的新型超级自由贸易区(FTA)和新型国际关系的平台。今天,我谨就构建新型超级 FTA 平台进行发言。到 2018 年 1 月为止,中国已经与 17 个"一带一路"沿线国家和地区签订了 7 个 FTA,由此可见,"一带一路"已经成为中国建设 FTA 网络的核心。今年中国计划签订 10 个 FTA,其中包括区域全面经济伙伴关系协定(RCEP)、中日韩 FTA 等。

上个星期李克强总理访问日本时,中日韩领导人确认将积极推动中日韩 FTA。到现在为止,中国 FTA 网络主要集中在"一路"沿线国家。习近平主席在 2017 年召开的"一带一路"国际合作高峰论坛发表的主旨演讲中指出,中国将积极同"一带一路"参与国发展互利共赢的经贸伙伴关系,同相关国家促进贸易和投资便利化,建设"一带一路"自由贸易网络,助力地区和世界经济增长。

我认为,从中长期来看,"一带一路"FTA 网络极有可能发展为超级 FTA,其关键在于中国已经在世界范围内构建伙伴关系。习近平主席于 2017 年 7 月出访瑞士,他在联合国日内瓦总部时指出,中国把建立伙伴关系确定为国家间交往的指导原则,目前已同多个国家和国际组织建立了不同形式的伙伴关系。伙伴关系是什么?它意味着相关国家和中国建立一定的信赖关系,双方就政治问题基本保持一致意见的关系。这种关系最大的特点是:它不是建立在具有约束力的条约和协定的基础之上,而是通过首脑基于信赖关系发表的共同声明来进行构建和提升。这一安排具有灵活性,允许伙伴国的经济发展水平、宗教、民族、价值观存在不同。通过对战略、合作、全面协作、全天候、全方位、友好创新、互惠等9个词语的组合,中国目前已与相关国家建立了60多种不同的伙伴关系。在最近为构建和提升伙伴关系而发表的共同声明中,有关"一带一路"合作、FTA谈判等内容有所增加。今后,通过建设有别于TPP、基于伙伴关系的"一带一路"超级FTA,中国正在致力于建设"一带一路"朋友圈,也就是如中国所说的以"三共精神"为主的国际公共产品,今后"一带一路"FTA网络一定会获得世界瞩目。

今年是改革开放40周年,日中和平友好条约签订40周年,提出建立日中和平发展友好合作伙伴关系20周年,建立日中战略互惠关系10周年,期待日中两国深化伙伴关系、建立战略互惠伙伴关系。

"一带一路"与沪港合作

关家明

香港贸易发展局研究部总监

大家好,感谢上海社会科学院给我一个机会。我今天主要讲"一带一路"框架下上海与香港的合作。"一带一路"是一个中国全球化的规划。江原教授刚才也提到,过去 40 年改革开放实际上是"一带一路"的前身,"一带一路"也可以说是改革开放的延续。从这个角度看,香港跟上海实际上一直以来都在合作,但同时也有竞争。

在我看来,香港和"一带一路"的关系主要体现在三个方面:第一,有关国际方面的参与;第二,发挥市场的作用;第三,有关风险的管控。这三个方面也跟沪港合作有关。两个地方的主要合作有两个层面:一是互相借助对方的经验长处,把对方好的东西拿过来,不好的地方引以为鉴,通过引进推动制度创新;二是互相合作,利用对方的平台,有些东西是不能搬的,但你可以借用。

在推进"一带一路"建设方面,沪港合作的特色在哪里? 我刚才说"一带一路"是中国的一个全球化策略,把中国的经验放到世界其他的地方去运用。那么谁对中国的经验最了解? 是上海。谁对海外的经验相对比较了解? 是香港。两个城市如果能够结合起来,很多方面的事就水到渠成。

上海现在搞的自贸区、自贸港,从某个方面来说也是"一带一路"中一个很重要的组成部分。如何在现有的体制里面吸收外来的经验,推动中国更全方位的开放? 要在以下几个方面做出改变:

第一,要素流动的改变,包括人流、物流、资金流、信息流。但不能简单地把海外一些所谓自由港的经验拿过来,这些经验如何运用到中国的国情里面,有相当的难度。当前,香港在自由港建设方面有自己的优势,但香港经验如何拿到内地来,去帮助上海以及其他地方建设自由港? 我们要在这个方面做研究。

第二,如何发挥市场的力量。"一带一路"有很大部分是国家行为,是国有企业在推动,这个是不够用的。我们要发挥市场的力量,特别是在一些我们一般认为是国家行为、公共行为的领域,包括基建领域。香港的基建,从电力到港口、通信,在这些所谓的国家行为领域的地方,都是用市场去运作,都是由私人机构去操作。如何把这些经验放到中国的"一带一路"里面去,把中国的国情与市场原则结合起来,对我们推广"一带一路"十分重要。

第三,国际接轨。到海外去要按照海外的一些习惯、标准、方法去做,但所谓国际标准也因时因地而不同,欧洲有欧洲的标准,美国有美国的标准,哪个标准放到哪里可以用? 我们的专业资格、认证怎么做才能让人家信服? 这个方面,上海跟香港各自都有一些经验,可以互补。

对沪港合作来说,更重要的是合作利用好现有的平台。目前,有五个方面的平台可以借用:

第一是贸易平台,如今年(2018)11月将在上海召开的国际进口博览会。全球化里面最缺的是什么? 一是资金,二是买家。很多国家生产过剩,货品没处卖。很多国家需要发展,没有资金去搞长期投资。刚好中国在这两个方面都是最强的。办国际进口博览会不会亏本,每一项买卖无论是出口还是进口,双方都是有利的,不然你不会去做这个买卖。在当前全球缺买家、缺投资者的时期,我们搞一个国际进口博览会是非常重要的举动。香港可以跟上海合作,引进买家、推动进口。同时,香港在帮助国家的产品出口方面,传统上一直扮演了很重要的角色。20世纪八九十年代,香港占中国全国的出口比例曾经超过一半,达到60％多的比例。而到目前为止,香港也还占到1/4。

第二是投资平台。在投资方面,香港是全球排在美国之后的第二大对外投资地。香港哪里来那么多的钱往外投资? 过去有很多美国、日本、韩国的资金通过中国香港投资中国内地。现在是中国内地通过香港投资海外,因为香港基于历史的原因,有一些制度上的优势,而不只是税务、资金流通、人员管理、资讯等方面更方便,这使得它成为全球一个很重要的对外投资管理中心。香港的这一优势可以在"一带一路"建设中发挥很大作用。过去一段时间里面,不但上海还包括其他省份的一些对外投资,都是经过香港出去投资的。现在每年中国对外直接投资有60％多是通过香港。在这个方面,沪港两地有很多可以合作的地方。

第三是金融平台。在金融方面,很多人把上海、香港看成是一个竞争的关系。2020年上海的目标是变成国际金融中心,很多人就会问:香港那个时候变成什么了? 我的回答是:还是国际金融中心,但它们有分工的不同。上海可能是在岸人民币的国际金融中心,因为人民币在海外不一定多,但在中国是最多的。而香港会变成一个离岸人民币的国际金融中心。这两个中心对"一带一路"来说都非常重要。就好像纽约跟伦敦,纽约是全球最重要的在岸的美元中心,但如果没有伦敦作为一个全球最大的离岸美元的金融中心,美国在海外很多的生意、投资、贸易都做不下去。一个国家的经济要往国外发展,就肯定需要一个离岸中心促进离岸金融。香港跟上海在"一带一路"里面错位发展非常重要。

第四是产业平台。制造业也好，基础农业也好，服务业也好，现在很多产业越来越分不开，你中有我，我中有你。特别是高端产业，高端的产业里面除了制造业以外，还需要设计、研发、市场推广、法律保障等一系列的服务业去配合。香港 97％的 GDP 来自服务业，其中绝大部分是跟商业有关的服务业。这一块可以跟上海的发展联系起来。我们要从海外引进技术，要到海外去推广我们的产业，肯定需要不断提升制造业。香港的服务业可以与上海的制造业结合起来，这一块是沪港两地很有空间开展合作的地方。

最后是法律平台。中国内地用的是大陆法，香港特别行政区基于历史的原因用的是普通法。两个法系在全球都有用到，事实上大陆法用得更多。但在商贸领域、金融领域，特别是国际商贸、国际金融领域，主要是普通法。我们现在有两个平台，一个是普通法的平台在香港，一个是大陆法的平台在内地，特别是在上海。沪港在法律方面的平台如果能够互相借用，我们就可以跑到全球任何一个地方，这对推动"一带一路"是非常重要的。

电子商务：
"一带一路"国际贸易合作新路径

沈玉良
上海社会科学院世界经济研究所国际贸易室主任、研究员

今天我交流的题目是《电子商务："一带一路"国际贸易合作的新路径》。主要有如下几个观点：

第一个观点，就是国际贸易始终是推动经济全球化的重要手段。1820年之前，国际贸易占GDP的比重变化不大，基本上在10％以下，但是从1820年以后开始迅速上升。特别是在第二次世界大战结束以后，它的比重上升得特别快，现在占GDP的比重大概是80％。推动经济全球化、国际贸易的影响因素是什么？（1）运输的技术，包括集装箱技术等，使国际运输成本下降；（2）信息与通信技术，产品内贸易需要的信息和沟通成本下降，中间品的贸易大幅度提高，中间品贸易现在占全球贸易的60％左右；（3）贸易自由化，包括关税和非关税壁垒的下降，使得贸易的制度成本大幅度下降。

除此之外，还有什么因素来推动国际贸易的增长呢？我们认为，20世纪90年代以后电子商务的发展，正在成为推动国际贸易的新的手段。发展电子商务有三个基本的条件：（1）互联网的基础设施以及通

探寻国际合作新机遇

信技术服务性公司;(2)有相对应的各种服务平台;(3)跨境交互需要的基本要素,包括数字传输和非数字传输。从全球发展趋势看,现在已经形成了比较完整的互联网的价值链,从信息到支付,到最后的贸易便利化的数字化服务等。同时,电子商务的需求主体也已经形成,在2000年的时候全球互联网用户只有3.61亿人,到现在已经达到了41亿人,发达国家互联网的渗透率达到了将近90%,发展中国家也达到了46%左右,中国的互联网用户已经达到了7.72亿人。

第二个观点,"一带一路"沿线国家的各个电子商务平台趋向于成熟。目前"一带一路"相关国家都有大大小小各种类型电子商务的平台。同时也形成了全球领先的电子商务平台,比如像亚马逊、阿里巴巴。中国的阿里巴巴的电子商务平台已经形成了全球的服务平台,也已经扩展到"一带一路"相关国家。

正是在上述条件下,"一带一路"相关国家的电子商务得到了很大的发展。据电子商务基金会的测算,全球电子商务的收入是2.27万亿美元,占了GDP比重的3.1%。由于对电子商务的概念理解不同,因而电子商务的计算口径、方法要有待进一步探讨。从物品类型的电子商务统计看,最可靠的统计数据就是万国邮政联盟(UPU)。在"一带一路"相关国家2016年邮政快递EMS出口量达到了60亿个,进口达到了59亿个,所以整体上邮政EMS进出口的增长相对是比较快的,进口增长最快的国家是卡塔尔、俄罗斯、斯洛伐克和斯洛文尼亚,出口增加最快的国家是捷克、印度、缅甸和俄罗斯。

第三个观点,从电子商务对国际贸易的推动看,还存在着各种障碍。联合国贸发会议电子商务指数当中包括使用因特网居民的比重、拥有一个账户的居民比重(15岁以上)、每百万人使用因特网的比重和UPU邮政可信度评分。根据该电子商务指数,"一带一路"相关国家之间存在着很大差异。如果进一步细分,我们可以看到在"一带一路"相

电子商务:"一带一路"国际贸易合作新路径

关国家存在的问题是不一样的。

第一个领域的障碍是互联网的基础设施,这是 B2C 的基础。在使用因特网居民比重方面,巴基斯坦、吉尔吉斯斯坦、柬埔寨、菲律宾和黎巴嫩等国家相对比较低,说明互联网的基础设施相对比较落后,这是第一种类型。第二种类型是 UPU 邮政可信度评分比较低,例如巴基斯坦、亚美尼亚等国家。第三种类型是拥有一个账户的居民比重(15 岁以上),比重过低就会影响交易时的支付。所以总体而言,"一带一路"在 B2C 领域存在着巨大的差异性。这种差异我主要把它归纳为三个方面,一是许多"一带一路"相关国家与电子商务有关的基础设施相对比较落后,需要提升信息和通信技术方面的基础设施;二是缺乏电子商务服务的能力,没有形成相关的平台,从而使中小企业难以进入到全球电子商务的平台;三是缺乏与电子商务相匹配的贸易便利化的措施。第二个领域的障碍是相关国家政府之间在电子商务领域的合作还相对比较少,包括基础设施能力建设、政策沟通等。第三个领域的障碍是企业之间的合作相对比较弱,包括语言等障碍。

电子商务的推进主要包括三个不同的层面。

第一个层面,世界贸易组织关于电子商务领域的推进。这个过程实际上从 1996 年就开始了,到现在没有达成协定。我认为有三个方面原因:(1)各个成员方本身的诉求差异,包括电子商务本身的概念范围以及相关的跨境数字传输等方面的差异;(2)各个成员方之间的能力差异,比如说在电子商务应用的技术、基础设施、国内的规则(包括个人隐私保护的国内规则)、跨境数据传输的规则等方面,各成员之间存在差异;(3)存在着国家安全、国内产业保护相关的问题。所以,短期内要在多边层面上达成电子商务相关规则、形成全世界共享的公共产品,可能还需要时间。

第二个层面,区域贸易协定中关于电子商务的推动。我们对 282

探寻国际合作新机遇

个 FTA 进行了梳理，其中 77 个含有电子商务的条款，美国主导的有 11 个，欧盟主导的有 9 个。从区域协定这个角度来看，主要的问题是现有的电子商务规则当中，约束性的条款相对比较少，从而影响了电子商务对国际贸易的推动。

第三个层面，中国在推动"一带一路"电子商务合作当中的作用。中国为"一带一路"相关国家提供了完备的产业链。2001 年时，我国与"一带一路"相关国家的贸易往来不是特别紧密，但到 2016 年，中国与"一带一路"相关国家的贸易量就很大了。从最终品贸易的变化来看，中国与"一带一路"相关国家的经贸往来也更紧密了。同时，中国为"一带一路"项目国家提供巨大的市场。据统计，进口到中国的邮政 EMS 占了 EMS 总数的 62.6%。在跨境电子商务进口国中，中国是最大的进口国。

中国推动电子商务合作的方式包括：（1）在多边层面，中国提出了电子商务的方案；（2）在区域层面，在缔结的十几个区域协定当中，包括中韩自贸区、中澳自贸区，都有专门的电子商务条款；（3）与相关国家签署关于电子商务合作的谅解备忘录，已签署的国家有十个。我认为中国的推进思路是很清晰的，既有政策上的，又有企业合作的、能力建设方面的，还包括合作研究方面的。下一步，中国政府应该在谅解备忘录的基础上，形成具体的实施方案。

中国与海上丝绸之路主要利益攸关国家：利益博弈与合作路径

刘　鸣

上海社会科学院国际问题研究所常务副所长、研究员

一、　海上丝绸之路与美国在印度洋战略博弈

海上丝绸之路是一条路线，是从中国东南沿海港口出发，经过南海到达印度洋，与南海、马六甲海峡、霍尔木兹海峡紧密相连，最终延伸至欧洲。目前，印度洋存在着数个战略性的域内与域外的利益攸关方，以与中国利益存在战略竞争的大国为主要代表，包括美国、印度、澳大利亚和日本，因为海上丝绸之路主要的海洋区域是上述大国的战略要冲、枢纽和海上生命线。

美国是印度洋最重要的战略玩家，但印度洋是四大洋中与美国地缘关系相对疏离的板块，它在印度洋的力量较为薄弱。但印度洋仍然是美国的战略重点，是美国制约中国的海上力量发展，扼住中国海上生命线，确保在未来冲突中锁住马六甲海峡的通道。印度洋也是美国遏制地区性强国伊朗最重要的力量投送区域。

探寻国际合作新机遇

美国在印度洋的最大战略立足点是迪戈加西亚岛。B-52轰炸机和B-2战略轰炸机以及KC-135空中加油机均可以使用。1990—1991年的波斯湾战争、2001年阿富汗"反恐战争"、2003年伊拉克战争,迪戈加西亚岛均发挥了重要作用。美国另一个军事基地是在北非的吉布提。

在海上丝绸之路倡议推进之前,中国就在印度洋开始开展其经济合作项目与拓展战略影响,这就是中国的印度洋战略与构建"桥头堡"战略,其主要目的是解决"马六甲"困境与确保海上贸易与原油运输,推动中国海军走出去,提高其蓝海军事能力。随着"一带一路"倡议的推出,中国的印度洋战略已经融入于这个构想中,通过海上互联互通的项目带动周边国家共同发展,同时更多反映中国的经济利益与外交理念,兼顾中国的海外安全利益。

根据这个构想安排,中国在印度洋沿海建设了一系列港口,柬埔寨金边港、缅甸皎漂港、孟加拉国达卡港、斯里兰卡的科伦坡港、汉班托特港、巴基斯坦的瓜达尔港等。靠红海还有吉布提港口型综合保障基地,面向中国陆、海军进行补给。这些港口建设确实很快,形成了港口带。这对于美国和印度来说,感觉到是一种压力与威胁,因为中国在印度洋的运输线、港口的联动设施建设逐步由中国掌控,基本上打破了美国在印度洋有限的战略立足点与印度的一统天下。

美国原先对海上丝绸之路、"一带一路"反应还是比较温和的,"一带一路"的峰会特朗普政府也派出代表来参加。但从2017年开始情况已经发生了很大的变化,特别是针对海上丝绸之路,美国倾向于判定海上丝绸之路涉及"印—太"两洋,中国掌控"印—太"两洋会对其海洋实力地位走势带来不利的战略影响。

中国取得斯里兰卡汉班托塔港99年的特许经营权后,美国的警觉性就越来越高。"担忧军事安全",担忧中国在世界航运版图中取得优势，对其形成竞争压力。因为汉班托塔港是"印度洋心脏"，是中东、欧洲、非洲至东亚大陆航线必经之地，是贸易和石油运输通道。全球50％以上的集装箱货运、1/3 散货海运及 2/3 石油运输取道印度洋。

二、 海上丝绸之路与印度在印度洋的战略利益

印度洋拥有最长的海岸线，7 600 公里；最大经济专属区，200 多万平方公里。每年通过印度洋的石油价值就有 2 600 多亿美元，印度90％的石油需求也来自印度洋。印度认为：印度洋是印度的战略后院。

确实，印度是最大的印度洋海洋大国，但它并不完全拥有对印度洋的控制权。印度洋是由印度、缅甸、孟加拉国、斯里兰卡、巴基斯坦等主要国家共享，缅、孟、斯海军较弱，巴基斯坦与印度因领土纠纷等因素而积怨很深。

印度把印度洋周边国家的地缘政治与经济的发展均视为其关键利益，因为它东部接壤孟加拉国，南部相隔保克海峡与斯里兰卡隔海相伴，还有另一个隔海相望的国家马尔代夫。

印度密切关注三国的战略趋向，重点是斯里兰卡和马尔代夫。斯里兰卡地处北印度洋主航道之上，又位于红海与马六甲海峡的中间。所以，在北印度洋海上贸易中，它是勾连中西的天然中转站。印度对斯里兰卡与中国在港口、机场的密切合作做出强烈反应，应在预料之中。为对冲中国租用汉班托特港，印度决定租用马塔拉机场 40 年，以此来平衡中国力量的扩大。

但是印度和斯里兰卡的关系并不是很好，除了内部少数民族的关系，印度也没钱照顾斯里兰卡。斯印两国存在历史性的民族矛盾：斯里兰卡的僧伽罗人与印度支持的泰米尔人有尖锐的矛盾；印度对斯

里兰卡的经济援助较少，对斯里兰卡的经济辐射能力有限。特别是斯里兰卡对印度的经济价值并不太高，印度核心区在北，南部是落后的边缘板块。

所以，斯里兰卡欢迎中国经济援助是必然的选择。印度只能对此无奈。马尔代夫也是如此。

三、 美印日澳四国印太战略合作与影响

这种合作起先是针对中国在南海、印度洋的军事活动、建岛行动。2017 年开始延伸至针对中国海上丝绸之路。美日澳 2006 年举行了第一次外交部长级别的战略对话。2017 年举行第七次部长级战略对话。日印澳三国也开始结成松散的海洋同盟，向中国施压。

但四国利益考量各有不同。特朗普政府从地缘政治力量的相互影响视角看，认为印度洋和太平洋已经连为一体，所以单依靠美国力量加日本力量在太平洋方向向中国施压，其已力所不逮，而且重心失控。美国需要在更广阔空间、多方向、多战略支点上钳制中国的力量发展，达到与印度"向东行动"政策对接，以东西两洋同步发力与力量部署的战略目标，多头牵制，使中国在上述区域行动处处掣肘。

但印度战略的重点仍然在印度洋及其周围，而不是西太平洋。其战略重点投射在：西印太地区的非洲东海岸、红海、亚丁湾、波斯湾、阿拉伯海、孟加拉湾、安达曼海诸海域及马达加斯加、塞舌尔、马尔代夫等重要岛国；中印太地区的印度尼西亚海域、南海、菲律宾海等。这两块区域印度均视为其势力范围与利益相关区。

四国联盟在应对海上丝绸之路方面，主要的应对举措是促进印度洋—太平洋地区基础设施建设；在非洲、伊朗、斯里兰卡和东南亚国家兴建多个基础建设项目，以其多国投资的项目作为样板，博得当地民

众的好感,给当地国提供多头的战略选择,以平衡中国的区域影响力。

日本将加入印度在伊朗重要战略港口恰巴哈港的扩建以及毗邻经济特区的开发计划。

在斯里兰卡东部,日本和印度则有意投入战略要地亭可马里港的扩建项目,同时还可能共同开发位于泰缅边界的达维深海港。

四、 中国海上丝绸之路与周边国家的合作路径

基于以上情况,丝绸之路要取得成功,中国和印太 4 个国家,包括美国还是要加强合作。没有他们的合作,如果他们要各个方面搞替代的"带"和"路",或者其他的一些活动,这个对我们推进海上丝绸之路会有很大的影响。美国是其中的关键者,但中美经济合作的零和意识与战略竞争的增强,使双方近期在"一带一路"中进行直接合作几乎不可能。

中国应该创新不同的路径与多边机制,APEC 就是亚太地区 22 个成员参与的经贸合作机制,互联互通是双方的共同点,应共同落实《亚太经合组织互联互通蓝图(2015—2025)》《亚太经合组织基础设施公私伙伴合作关系项目实施路线图》《通过公私伙伴合作关系促进基础设施投资行动计划》等文件。

"一带一路"推进需要金融保障,亚投行与丝路基金虽然部分解决了资金问题,但资金缺口仍然很大,靠这两个金融机制是不够的。APEC 提出了支持特定金融服务的跨境服务条款,实施"亚洲地区基金护照"中自愿参与的普惠金融倡议及约定。借用 APEC 这个平台正在发展的金融管理与服务业机制,创新融资机制,将是有效的路径。

有必要对成员国的中小微企业扩大合作予以部分倾斜,扶助中国与其他国家的企业参与全球价值链,逐步与亚太地区的大企业、跨国

企业建立配套的产业链。"一带一路"倡议不搞排他性制度设计，融入现存的地区多边机制，发挥美国的作用，给予其相关的利益，是今后考虑的新路径之一。特别在中国投资的美国企业，我们需要为他们参与"一带一路"建设创造平等参与机会。

日本虽然不是印度洋国家，但一直在加强与印度、澳大利亚、东南亚的菲律宾、越南的合作，牵制中国的海洋力量的拓展。但特朗普贸易保护主义与中国"一带一路"创造的机遇给安倍一个重新战略选择的机会。中日同意就中国提倡的"一带一路"倡议设立官民协议会，应该是一个积极发展。今年（2018）1月安倍开始转变对"一带一路"的态度：认为在自由开放的印度—太平洋战略下，可以与倡导"一带一路"构想的中国大力合作。具体的合作方式，即日中双方企业在两者重合的地区，探讨共同参与基础设施建设及产业振兴的方案。

李克强总理访日时，双方围绕"一带一路"倡议开展第三方市场开发达成了协议。另外还有金融保障，除了亚投行、丝路基金，我们还是要充分使用包括世界银行、亚开行，还有包括APEC所设置的金融保障机制以及他们的一些平台，这些平台我们应该充分使用。这是一个多边的机制，这个多边机制有利于我们推进"一带一路"，如果完全靠我们单边推进"一带一路"，我们会遇到很多战略上、经济上、政治上的阻力。多边参与也是我们讲"一带一路"不是搞排他性的题中之义。

我们推进"一带一路"过程当中，日本也可以参与，双方可以互补，日本在很多方面有基础上的保障。我们现在和美国的合作，技术上受到很多限制，所以我们今后和日本的合作是重点。日本的很多公司也非常乐于参与"一带一路"，今后可以合作。

今后还可以与东非、东南亚、南亚等各自已经建立的产业园区与基础设施项目开展合作。中国在东南亚的贸易额是日本的两倍，但从贸易结构和产业来说，日本的优势明显较大。日本在东南亚的投资总量仍是中国的三倍。今后在共商、共建与共享的理念基础上，应该增加一个共管的原则。

另外在共建机制方面，可向四国建议建立印度洋、东南亚、东非的基础设施建设磋商协调机制，邀请世行、亚投行、亚开行、东盟、南盟、非盟参加。除了这些共建的机制以外，各个地区，包括东盟、南盟、非盟的金融机构，特别要加强合作。另外在建设方案、贷款、环保与设施的国际标准化管理，包括国际港口的使用方面，也要加强透明度，除做出更多的信息披露外，还需承诺非军事用途（除军舰的补给、修整与人员休假）。通过加强透明度，我认为能够有效地减少与印度洋国家合作时的障碍。

第一分论坛

综述
国际合作与"一带一路"建设

2018 年 5 月 14 日下午,由上海社科院国际问题研究所承办的首届"一带一路"上海论坛第一分论坛"国际合作与'一带一路'建设"在上海社科国际创新基地五楼举行。上海社会科学院国际问题研究所常务副所长刘鸣研究员、副所长余建华研究员、哈萨克斯坦中国研究中心主任古丽娜拉·夏伊莫吉诺娃、上海社会科学院世界中国学研究所所长姚勤华研究员、韩国东北亚历史财团研究员车在福、菲律宾大学名誉教授爱比克泰德·帕塔林哈格、中国社会科学院世界经济与政治研究所国际战略室主任薛力研究员、内罗毕大学商学院院长亚伯·基诺帝·麦卢等数十位海内外专家学者出席本次分论坛。与会专家就"一带一路"建设挑战与发展建议、"一带一路"与沿线国家合作以及"一带一路"与国际秩序等几个方面展开了深刻而广泛的讨论。

一、 对推进"一带一路"建设的建议

经过近五年的实践,"一带一路"项目虽然遇到了许多挑战,但这一倡议的概念日益明晰,其发展路径也更加明确。与会专家从自己的专业视角和实践案例出发,围绕"一带一路"的战略构想、战略挑战和政策

探寻国际合作新机遇

建议等主题进行发言。

　　发言嘉宾均肯定了"一带一路"的战略意义。"一带一路"是21世纪中国和平发展的路径选择，表达了中国向世界做更大的贡献、承担更大的责任的意愿，是人类命运共同体理念在中国发展与外交实践中的具体体现。姚勤华指出，"一带一路"倡议是中国和平崛起的新思路，"一带一路"倡议着眼于长远发展的规划，它不仅是对中国自身发展的思考，也是对人类大家庭共同富裕的期盼。孟加拉国达卡大学发展研究院教授马赫布卜·乌拉提出，"一带一路"能够解放贫穷国家的人民，使他们从原来的束缚人的政治、经济和文化的枷锁当中解放出来。浙江万事利丝绸文化集团董事长李建华作为企业家代表发表了对"一带一路"的看法，他认为丝绸是中华文化的柔软载体，丝绸之路是连接世界的纽带，化解矛盾的量器，"一带一路"丝路精神就是开放、包容、互学、互鉴的精神。

　　在谈及"一带一路"建设中遇到的诸多挑战时，各与会专家从专业视角加以分析，并对"一带一路"建设建言献策。薛力提出，当前"一带一路"建设面临的最大挑战是周边国家对中国的信任不够，周边国家对中国经济的依赖越来越大，对中国的信任却不足。因此，中国应从日本等国的历史经验中学习，减少周边国家猜疑。罗建波提出"一带一路"中国的"走出去"不仅要输出中国产品，更要打造中国标准、中国品牌。在讲中国故事时，少提地缘政治意义而多强调"一带一路"的国际公共产品属性。"一带一路"的共建、共商、共享精神说明，中国不是向世界提供成果而是提供机会。中国在与其他国家合作时，应当保持谦虚的心态，进行平等的交流。姚勤华提出，"一带一路"要建设统筹中国内外平行发展的大系统，将中国发展与沿线沿岸国家的发展紧密结合。这一发展有利于缓解东西部发展不平衡问题，实现中国东部和中西部发展的统筹，中国经济发展与"一带一路"沿线国家发展的统筹，以及经济新常态与世界经济新格局的统筹。意大利都灵大学—上海社会科学院安全与危机管理项目外方主任艾雷对"一带一路"建设中没有引起足够重视的安全风险问题进行强调。他指出,大多数企业对"一带一路"解读过分侧重于金融财务方面,但没有足够重视安全与风险问题。因此,在"一带一路"建设中应当对风险特别是动态的安全风险进行严肃评估,制定安全风险问题的指导细则。

二、"一带一路"建设与沿线国家合作

"一带一路"是深化中国与世界联系、构筑人类命运共同体的一项长期的艰巨工程。沿线国家经济发展极为不平衡,政治制度差异大,文化、民族、宗教等因素复杂,对待"一带一路"倡议的态度也有不同。"一带一路"建设要取得成功,就离不开与沿线国家的合作。与会的沿线国家专家代表介绍了本国与"一带一路"的建设合作情况,各位发言嘉宾就如何与沿线国家加深战略合作,构建坚实有效的合作路径展开了探讨。

古丽娜拉·夏伊莫吉诺娃对"一带一路"与哈萨克斯坦"光明之路"的战略对接进行了介绍。"光明之路"是哈萨克斯坦促进交通和基础设施发展的国内工程,哈政府积极推进这一战略与中国的"一带一路"进行对接,对接内容包括基础设施的开发、交通工业化、投资哈萨克斯坦农村、扩大对中国的出口等方面,这一国际与国内的战略对接展现了哈萨克斯坦愿与中国共同承担责任,实现互赢的愿望。

菲律宾大学爱比克泰德·帕塔林哈格教授认为,"一带一路"的基本理念是先推动基础设施的建设,特别是在贫困国家推动基础设施建设,再促进增长。对于菲律宾而言,要利用"一带一路"跨越海上的障碍,与其他国家进行联通。"一带一路"能够帮助菲律宾互联互通,增强

贸易投资和区域的合作。

肯尼亚内罗毕大学教授亚伯·基诺帝·麦卢教授对中国在东非的主要投资部门进行了简要介绍,交通、房地产、能源、电力、航运和港口、石油和天然气是目前中国在东非国家的主要投资领域。"一带一路"建设在这一基础上将东非与非洲内部国家进行基础设施联通,对于东非国家特别是肯尼亚具有重大意义。但是在建设过程中也遇到了预算超支、项目超时等挑战。

上海外国语大学中东研究所研究员孙德刚介绍了中国参与中东国家港口建设项目的情况。他指出,中国"一带一路"的港口建设基于市场经济,是重要的商业投资。中国在中东的港口建设方面的参与是中国希望发展沿线国家的经济,让他们参与到国际的经济建设当中来。马赫布卜·乌拉提出,"一带一路"建设过程中,不仅要对硬件的基础设施进行投资,更要对长期的软件基础设施投资,开发知识资本,对人力资本与劳动技能进行培养,才能更有利于实现"一带一路"项目的长期发展。

中央党校国际战略研究院中国外交研究室主任罗建波教授从中国视角出发,提出中国与沿线国家进行合作时应有"三不"心态:一是少争论或者不争论意识形态与政治制度优劣,以追求发展为共同目标。二是不以导师眼光进行交流。三是不要有救世主心态,对发展中国家的发展问题存有敬畏心。只有本着相互学习、相互尊重的心态跟发展中国家进行交流,才有更大收获。

三、"一带一路"建设与国际秩序

"一带一路"不仅关乎中国的发展,也关乎"一带一路"沿线国家的发展,更关乎世界整体的发展。本次论坛与会专家们在谈到"一带一路"时,最常用的关键词是"双赢"。由于"一带一路"倡议改变了过去国际关系中的零和游戏理念,强调合作共赢,其提出与建设必然对现有国际体系带来深刻影响。基于此,与会专家对"一带一路"建设对全球秩序及地区秩序带来的变化进行了分析,探讨中国当前的战略目标与定位。与会专家均认同,当前的"一带一路"倡议不是对现有国际秩序的挑战,更不是谋取霸权。姚勤华强调,当前中国的战略目的不是挑战现状而是融入现状,改变现状,形成更加公正合理的世界经济和政治秩序。"一带一路"倡议是为了带动沿线国家的发展,也包括对美国权力和利益的认可,所以"一带一路"欢迎美国参与,共同发展。

"一带一路"对于地区秩序的冲击与调整也是本次论坛的重要问题。随着"一带一路"建设的深入,势必对沿线地区的秩序带来改变。薛力指出,当前是中国崛起过程中恢复历史地位的时期,这一过程伴随着政治、经济方面处于碎片化状态的亚洲地区的秩序调整,"一带一路"建设则是中国参与亚洲秩序重构的方式。古丽娜拉·夏伊莫吉诺娃提出,"一带一路"是在中亚现有的多边合作框架下推进的,因为在中国和中亚之间已经有经济、地缘政治、地缘安全方面的合作架构,"一带一路"是对中亚地区与中国的合作架构的进一步充实。韩国东北亚历史财团研究员车在福强调,"一带一路"要与韩国的新北方政策对接,促进朝鲜半岛的地区和平发展。孙德刚以中东港口建设为例,提出中国的"一带一路"港口建设理念是商业模式建设,并不会对西方在中东的势力构成威胁,两者各司其职,在未来是可以长期共存的。

通过讨论,与会嘉宾初步形成如下共识:无论是世界层次还是地区层次,"一带一路"建设并无意打破现有秩序,而是强调在现有秩序下进行合作,进一步推动秩序的合理构建与转型。中国寻求的不是短期的利益,而是长期的发展。尽管"一带一路"倡议源于中国,但其目标着眼于建设人类命运共同体,其实践将促进中国与全世界的共同发展。

(周汇慧供稿)

丝路经济带与"光明之路"的对接：战略意义和一些总结

[哈萨克斯坦] 古丽娜拉·夏伊莫吉诺娃（Gulnar Shaimergenova）

哈萨克斯坦中国研究中心主任

  5 年前，习近平主席在访问哈萨克斯坦时提出了"一带一路"倡议。中国领导人非常明智地选择哈萨克斯坦作为他们的合作伙伴，事实也已经证明中国是可靠的、负责任的合作伙伴。哈萨克斯坦非常重视和中国的全方位战略合作，在过去 25 年中，哈萨克斯坦和中国的关系稳定发展、不断加强，两国之间保持最高层次的互动，极大地促进了双边关系的发展。2018 年 2 月，纳扎尔巴耶夫总统接受了中国主要媒体的采访，在与记者进行对话时回答了有关中国和哈萨克斯坦之间合作的问题。他专门提出，我们应该把哈萨克斯坦的"光明之路"与中国的"一带一路"进行对接，与中国开展进一步合作是哈萨克斯坦外交政策中的重中之重。我们也知道，"一带一路"倡议已经被列入到中国共产党的党章，成为指导中国未来发展的长期战略概念。这说明，两个国家都认识到了当前建立全方位丝绸之路经济带的高度重要性。

  哈萨克斯坦是第一个表示愿意追随"一带一路"倡议的国家，并且提出我们的"光明之路"可以跟中国的"一带一路"对接，而且我们也愿

探寻国际合作新机遇

意通过发布相关的文件来落实有关的对接。"光明之路"是哈萨克斯坦提出来的、为了促进交通和基础设施发展的工程,与"一带一路"倡议相类似。中哈之间进行的协调内容可以包括基础设施的开发、交通工业化、投资哈萨克斯坦农村、对中国的出口以及其他方面。有一个谚语大意是要顺其自然,不要逆风而行。哈萨克斯坦充分注意到现在国际的潮流,把中国"一带一路"倡议的前景当作我们发展的方向,因此在2014年推出了自己的相关方案。今天,哈萨克斯坦的"光明之路"已经成为欧亚大陆合作框架中的重要内容。另外,哈萨克斯坦可能还是唯一一个大规模地参与到"一带一路"项目当中的国家,我们现在已经投入了大量的资金投资于具体的项目。我们愿意与中国分担责任。

"光明之路"和"一带一路"对于目前欧亚大陆的格局非常重要。为什么?首先,哈萨克斯坦和中国作为两个亚洲古老大国,我们在2000多年前就通过丝绸之路连接在一起。现在,这两个设想对于欧亚地缘经济的发展也非常重要。我们瞩目于未来,提出了2050年的发展愿景,实现愿景需要有发展的抓手,而"光明之路"和"一带一路"正是重要的抓手。我们相信,通过基础设施、物流、开采、工业加工等各方面的项目合作,可以为今后10至15年的发展奠定非常好的基础。

第二,哈萨克斯坦是丝绸之路上的重要国家,在中国和欧洲之间扮演着桥梁的作用。今天,从中国通往欧洲的贸易和交通路线大都要经过哈萨克斯坦,哈萨克斯坦是中国通向欧洲重要的通道和走廊。所以我们有使命来沟通欧亚,而在产业链方面,中国与哈萨克斯坦也有互补的可能。

第三,"光明之路"是哈萨克斯坦国家发展的项目,它跟"一带一路"的协调创造了独特的历史增长的机会,这对于整个地区都非常重要。中亚现在为它的经济振兴获得了重要的机会,我们把中国的项目当作机遇的来源。在独立后的26年当中,这个地区首次成为积极的经济计划的参与者，而不是被排斥在外或者被边缘化。中亚国家现在越来越跟其他国家保持互动，越来越依赖于相互交往，这对这个地区落后面貌的改变是非常重要的。哈萨克斯坦是现代丝绸之路带上的重要交接点，我们一直强调跟邻国保持良好关系。包括哈萨克斯坦在内的中亚国家都感受到，"一带一路"能够给我们带来发展，带来稳定，在国际合作中可以成为互赢楷模。在哈萨克斯坦，我们期待"一带一路"倡议的效果能够跨越交通领域，在其他各个领域也取得合作的进展。当前我们的合作以交通为中心，但是未来可以扩大到其他的方面。随着贸易规模的上升，哈萨克斯坦将会越来越感受到参与"一带一路"对哈萨克斯坦的意义。很多原来对"一带一路"、对我们参与"一带一路"抱有怀疑心理的人，现在也开始相信"一带一路"建设是对我们有利的。作为全球合作新的模式，"一带一路"是一种东方化的产物，是西方化的转化和替代，能够反映共赢理念，让我们看到了集体合作的可能性。

跟西方国家不一样的是，中国所领导的全球化和欧亚合作项目都是高度重视平衡的。总体而言，我们的合作可以在以下几个方面开展。政治方面，哈萨克斯坦第一个响应中国的"一带一路"，展现出了它的巨大兴趣和参与精神。经济方面，哈萨克斯坦和中国现在已经进入了在工业、交通、物流、农业等具体领域进行合作的阶段，这样的合作一定会逐步产生巨大的效果。战略上，以前我们主要是中国的产品市场、原材料供应地和跟其他地方互动的过境地，但是现在中国更愿意分享它的产业合作，分享它的改革开放成果，这使得哈萨克斯坦从战略上看重"一带一路"倡议。

从地缘政治角度来看，"一带一路"是在现有的多边合作框架下推进的。中国和中亚之间已经有经济、地缘政治、地缘安全方面的合作架构，"一带一路"倡议进一步充实了这个架构。在地区范围内，哈萨克斯坦和中国像所有的其他参与方一样展现了模范作用，让人们看到"一

探寻国际合作新机遇

带一路"可以为参与方带来好处,起到了良好的示范效应。在人文方面,通过中国和哈萨克斯坦之间的项目对接,通过在政府之间、国家部门之间、企业界之间、科学家之间和两国公民之间的更多的互动,使得我们增加了相互的理解。我们哈萨克斯坦中国研究中心和上海社会科学院的合作,就是这种互动当中一个很好的例证。

总的来说,哈萨克斯坦的"光明之路"和中国的"一带一路"让我们看到了两个国家之间的互动途径,而这种途径跟 2000 年前的丝绸之路异曲同工。我们进行物质的、服务的、理念的和价值观的交流,促进欧亚大陆东端和西端之间的进一步交流,期待着我们之间的交流能够达到更高的程度。

"一带一路"倡议：
谱写"人类命运共同体"

姚勤华

上海社会科学院世界中国学研究所所长、研究员

"一带一路"倡议是 21 世纪上半叶中国和平发展的路径选择，不仅关乎中国的发展，也关乎"一带一路"沿线国家的发展，更关乎世界整体的发展，所以我们面临观念的挑战、方式的挑战和目标的挑战，我围绕这几点谈七点看法。

第一个看法，"一带一路"倡议是中国和平崛起的大思路，因为中国提出的"一带一路"倡议是着眼长远发展的规划，不仅是习近平主席中国特色社会主义新思想的体现，也是中国发展进入新时代的标志；它不仅是关注一个政府 5—10 年的发展目标，而且是中国中长期的发展目标；它也不仅仅是对中国自身发展的思考，同时也是对人类大家庭共同富裕的期盼。因为中国作为一个国际社会的重要成员，以和平方式肩负民族复兴之路，以和平方式谋划中华人民共和国第一个 100 年目标，以和平方式最终实现全中国的崛起，并以和平方式最终汇聚各国发展，这是中国对世界的郑重承诺，和平思想来源就是习近平总书记提出了人类命运共同体新思路。

探寻国际合作新机遇

第二个看法，"一带一路"倡议是中国统筹内外平行发展的大系统，中国经济总量世界第二，对世界经济增长贡献率多年来保持在 30％左右，已经成为世界经济中有影响力的大国。2014 年中国改革开放发生了质的变化，这一年中国对外投资额首次超过中国吸引的外资，中国的改革开放由最初的输入型经济发展方式，转变为输入型和输出型并举的发展方式。所以，在这个大的背景下，中国的大政方针不能只谋划一个国家本国的发展，还要考虑外部世界的共同发展，统筹内外两个大局。我们通过"引进来"继续吸收先进的技术、管理，改变经济增长方式，提高产业能级，同时我们推进加快西部的对外开放，将中国的西部建成中国对外开放大通道，缓解东西部发展不平衡的问题。同时我们还要走出去，将中国发展与沿带沿路国家发展紧密结合在一起，促成经济共同体和区域经济的合作。我们可以将建设的经验推广出去，比如说基础设施建设，释放各自在产能、资本、技术、人力资源等方面的优势。所以中国"一带一路"的倡议是实现中国东部和中西部发展的统筹，实现中国沿海沿边地区与中国整体对外开放的统筹，实现中国经济发展与"一带一路"沿线国家发展的统筹，以及实现经济新常态与世界经济新格局的统筹。

第三个看法，中国的"一带一路"倡议是中国与世界的一项长期艰巨的巨大工程。沿线国家的经济发展极为不平衡，政治制度差异多，文化、民族、宗教信仰也不一样，影响安全稳定的因素更加复杂，所有这些都是在"一带一路"推进过程中开展合作面临的基本情况，难度要远远大于一般的经济一体化。中国改革开放的经验是要致富先修路，我们国家已经形成了公路、铁路、水运、航空的一体化网络，这样大市场促使中国几亿农民摆脱了贫困。"一带一路"就是要通过新建现代公路、铁路、航空、海运、机场、港口等，来打通欧亚大陆，甚至是打通欧亚大陆和其他大陆的交通瓶颈，将欧亚大陆和世界其他大陆紧密地联系在一起，实现互联互通，由此可以带动产业的升级，形成交通、贸易、投资、产业的良性互动。这样的工程不是短期能实现的，也不止 10 年、20 年，要持续很长的一段时间，所以对"一带一路"倡议要有信心，也期待它能够从 2.0 版向 3.0 版、4.0 版进发。

第四个看法，"一带一路"倡议是国际关系游戏规则的大转折。中国提出"一带一路"倡议的意义在于改变了过去 500 年来国际关系的基本理念。大家都知道，现实主义的理论认为这个世界是零和游戏，而我们提出的是合作共赢，所以中国提出"一带一路"不是谋取霸权，也不谋取以武力改变世界游戏规则。我们认为新的世界是和平共处的洛克社会，不再是霍布斯社会。通过战争和霸权来获取利益是过时的一种认识，我们希望通过彼此合作来增加利益合作点，做大蛋糕，分享更多的权益。

第五个看法，中美的合作与摩擦是新常态，中美之间既有战略交合，也有战略分叉。美国是守成大国，中国是崛起大国，守成大国的战略本质是维持现状，维护既得利益，而崛起大国的目的是融入现状，改变现状，形成更加公正合理的世界经济和政治秩序。中美两国都会以对方的战略为己方战略的参考点。中国必须清醒地认识到，美国是全球唯一的超级大国，美国的优势是全方位的，除了经济和军事力量以外，美国的科学技术、人才素质、创新能力都是世界一流水准，以任何方式挑战美国的霸权地位都是不明智的，所以中国无意于与美国共治，也无意于当世界领袖。但是中国有自己的目标，希望走进世界中心舞台，美国认识到阻止中国的遏制战略不可能实现，所以中美合作对于世界的稳定和发展是好事。通过"一带一路"倡议可以带动沿线国家的发展、地区稳定，也包括对美国权力和利益的认可，所以我们欢迎美国参与，共同发展。如果美国不参与，我们一如既往直接推进；如果美国搅局，我们会针锋相对，有理有据地回应。

探寻国际合作新机遇

第六个看法,"一带一路"倡议是中国共产党智慧的大集中。13亿人口的大国做事情需要有集体的智慧,中国共产党领导中国人民建设中国特色社会主义道路,通过全体人民集体智慧形成了现在的发展与特色。中国社会主义制度的组织优势通过中国共产党的施政纲领即国家的长远发展规划体现出来,这是近年来西方学者也不得不承认的事实。每一届中共中央政治局常委、每一届政府为了中国人民的福祉,从中国社会发展实际出发,借鉴世界各国发展的经验,集思广益,制定社会发展规划,弥补了西方政党轮流执政、缺乏长远规划的短视,弥补了市场经济放任自流、"看不见的手"调控滞后的不足。从中央到地方,从经济发展到社会,各个领域都有目标、有规划、有方案、有措施,而且立足当前,面向未来,突出重点,又顾及各方,涵盖了社会各个领域,照顾了社会各个阶层的利益,避免了大起大落。正因为如此,才有了改革开放40年高速发展,才能制定未来30年与世界共同发展的"一带一路"倡议。

最后一个看法,"一带一路"倡议是马克思主义历史使命的大体现。马克思主义的历史观是,共产党人只有解放全人类,才能最终解放自己。中国共产党人肩负着中国崛起富强的历史使命,当然希望中国人民富裕健康,国家立于世界民族之林;但中国共产党人同时也是马克思主义者,她希望世界各国,无论是大国还是小国,强国还是弱国,都能够实现和平发展,都能过上幸福的生活。马克思主义者既是民族主义者,又是共产主义者,中国共产党人希望通过"一带一路"倡议,与各国的发展战略和规划对接,互相借鉴、互相学习、取长补短,形成你中有我、我中有你的命运共同体,有地出地,有人出人,有钱出钱,有技术出技术,共同发展、共同繁荣。欧亚大陆是人类古代文明的主要发祥地,中国是世界上唯一历史悠久、文明连续的国家。"一带一路"倡议不仅促进中华文明的继续发展,促进欧亚大陆各种文明的发展,同时也有助于其他地区与国家的文明发展。而且通过"一带一路"倡议使得欧亚大陆内部和欧亚大陆与其他大陆之间不同文明体能够更加紧密地联系，共同追求和实现美好的未来，共同迈向人类更高级的文明形态。

治国理政经验交流与"一带一路"建设

罗建波

中央党校国际战略研究院中国外交研究室主任、教授

  "一带一路"倡议创造了两个第一：它是人类历史上第一次跨越洲际的大合作倡议，它是发展中国家第一次提出如此宏大的倡议。所以，中国的"一带一路"倡议必然会给国际社会、国际体系带来很大影响。

  国际社会在讨论"一带一路"是战略还是倡议？在国际上，"一带一路"是倡议，因为如果别人不跟你合作，或者没有开展合作，"一带一路"就肯定搞不成。对中国来说，"一带一路"是战略，因为它是我们推动中国更大程度对外开放的战略，是我们提升对外开放层次的战略。但是西方特别是美国老是问："一带一路"到底是不是地缘扩张大战略？特朗普的前军师班农讲过，中国的"一带一路"就是地缘扩张大战略，他认为中国的两个100年计划就是要称霸全球。去年我到印度的时候，印度很多学者都担心：中国搞陆上丝绸之路一定是想从陆上包围印度，搞海上丝绸之路一定是想从海上包围印度。我当时跟印度学者说了两句话：第一，如果仅仅从地缘政治角度审视中国的"一带一路"，是太小看今天中国的格局，太小看今天中国的抱负和愿景。第二，"一带一路"的提出是因为中国在今天成为世界大国，重新走向世界舞台中心，

希望给国际社会作出更多贡献,在实现自身发展的同时带动世界更多的发展。在我个人看来,21世纪中国给世界带来什么? 是两个: 第一,让中国自身14亿人口逐步实现了减贫和发展,这是我们对人类的巨大贡献。第二,在自己实现发展的时候,还能够带动世界其他人实现共同发展,这是21世纪中国将给世界作出的更大贡献。

怎么向世界讲好关于"一带一路"的中国故事? 对我们是考验。国内声音很多元,对"一带一路"解读声音很多。我觉得讲好"一带一路"要注重三点。第一,一定要多讲优质产能走出去,少讲或者不讲转移过剩产能。我到中东国家和东南亚国家,很多人以为我们会转移过剩产能。还有非洲的埃塞俄比亚,特别有环保意识,他们不要建火电站,要建只建水电站、风电站和太阳能。今天中国有大量的优质产能,如高铁、核电、光伏等,这就是推动中国走向世界的很好的东西。第二,一定要多讲"一带一路"的国际公共产品属性,少讲或者不讲地缘政治意义。地缘政治意义讲得越多,在国际上造成的混乱越大,对我们越不利。第三,多讲共建、共商、共享,不要把"一带一路"讲成中国给世界的一个蛋糕,等等。如果一定要讲"一带一路"是中国提供给世界的机会,就讲是我们共同打造、做大蛋糕的机会,而不是分享蛋糕的机会。

在世界充满不确定性、不稳定性的今天,中国提出的"一带一路"倡议给世界展示了很多确定性。我们作为发展中国家,作为东方国家,给世界提供了很多的确定性。比如说,我们通过"一带一路"向世界展现了我们更加推动改革开放的确定性,更加融入世界的确定性和愿意给世界作出更大贡献、承担更大责任的确定性,这就是我们给世界的贡献。另外,我们给世界贡献的不光是产品、资本、技术,还有我们的治国理政与发展经验,这是"一带一路"合作的重要方面。在中国和发达国家之间,治国理政交流的核心问题是怎么更好地相互认识、相互理解。在中国与发展中国家之间,治国理政交流的核心问题是如何促进共同发展。对中国来说,核心问题是通过治国理政的交流少走弯路,探索独立自主、适合自身发展的道路。在从事治国理政经验交流方面,习近平主席讲过三个"不",不输入外国模式,不输出中国模式,不拷贝也不要求别人拷贝中国的做法。

在我看来,中国学者讲治国理政和中国发展模式,在经验交流时也需要注意几点。第一,少争论,或者不争论,不争辩意识形态,不争论哪种政治制度谁优谁劣。不管什么制度安排,共同目标都是追求发展,都是提高老百姓的福祉,都是更好地实现国家治理。第二,不要带着导师的眼光。在与非洲朋友交往的时候,我一直强调中国不要代替非洲人发现非洲,不要代替非洲人治理非洲。如果这样去做的话,即使愿望很好,效果也不一定很好。第三,不要有所谓的救世主心态。要对发展中国家的本身发展问题的高度复杂性充满敬畏之心,国际社会包括西方国家在发展中国家搞了几十年、上百年没有搞好的事情,中国人走出去不一定搞得好,所以我们一定要有敬畏之心。有了敬畏之心,才会本着相互学习、相互尊重的心态跟发展中国家进行交流,才有更大收获。

菲律宾与"一带一路"的相关性

[菲律宾] 爱比克泰德·帕塔林哈格 (Epictetus Patalinghug)

菲律宾大学 Cesar Virata 商学院经济与金融名誉教授

"一带一路"旨在推动基础设施的建设,特别是在贫困国家推动基础设施建设,然后再促进增长。但是基础设施建设需要钱,钱又来自增长,没有增长就没有基础设施。反过来,如果没有基础设施,也就没有增长。这是关于鸡和蛋的悖论,我们应该打破如下恶性循环:没有基础设施导致更没有增长,更没有增长导致基础设施更难改善。一个很重要的办法是通过外力促进基础设施的建设,在这个基础上实现增长,这就是"一带一路"可以发挥的作用。在不少国家,由于基础设施较差,国家又比较贫穷,国家整个基础设施很难互联互通,无法创造更多就业机会,也无法吸引国际投资的目光。与之相反,很多国家都见证了中国所强调的"要致富先筑路"的成功经验。美国和日本曾有不少有关基础设施方面的援助,特别是在中东、非洲国家。我相信,在亚洲、欧洲和非洲,"一带一路"所带来的基础设施建设同样会使这些沿线国家获益。

亚洲基础设施建设需要很大的资金量,如果再追加因为气候变化而带来的额外的费用会更多。菲律宾现在提出"大建特建"计划,在

2017 年的 GDP 当中拿出 5.4%，到 2022 年拿出 GDP 的 7.3%投入到基础设施当中。与发达国家相比，包括菲律宾在内的还比较贫穷的国家对基础设施的需求是不一样的。相对落后的国家需要的是道路和桥梁，再就是发电站、电信、水供应等基础设施以及交通设施。反观欧洲国家，他们已经不再建造道路了。这是一个规律，国家越来越发达，它的基本道路和桥梁建设就会暂停，而会建造更多的发电厂、因特网、电信设施等。不同的发达国家也不一样，新加坡和韩国更多的是把基础设施放在发电站设施上，比如新加坡就已经把钱花在建造洁净水供应设施上面。所以，在基础设施援建中，对于需求或者供应不能搞"一刀切"，主要看目标国经济发展的程度。菲律宾还处在发展的初级阶段，还需要道路、桥梁、铁路等。我们也需要通信和电信方面的设施，但还不是最迫切的。我们不能超越发展的阶段，首先还是需要最基本的互联互通，当然在电信设施方面或许有时候可以搞跳跃式的发展。

菲律宾在"一带一路"方面能够获得什么样的好处？对于像菲律宾这样的低收入国家来说，我们在基础设施如交通的改善方面有很大的提升空间，从而使我们可以跟重要的经济中心连接得更好。目前中亚国家也需要基础设施的提升，中亚国家有丰富的油气资源，但有的油气资源目前还需要经过俄罗斯再往外运输。哈萨克斯坦非常希望跟其他国家能够直通运输管道。在苏联解体之后，很多原来的运输补贴已经消失，很多运输管道不再合理或者说无法做到有利可图。所以，中亚国家也需要通过基础设施直接联通到他们的目标市场。特别是像铁路运输能力较低的国家如塔吉克斯坦，以及需要跨境运输的内陆国家，都可以通过"一带一路"倡议降低交通成本，建造更便捷的路线。对于菲律宾来说，我们要利用"一带一路"跨越海上的障碍。因为我们是千岛之国，很需要联通到周围国家，联通到欧洲。如果我们能够搭上中国的中欧班列，就可以直接通过陆地连接到欧洲去。

中国的帮助现在主要体现为通过贷款支持基础设施项目,包括铁路、水供应和防洪项目。我们的"大建特建"计划花费了我们相当多的GDP份额。如果单纯地靠国家税收支持基础设施固然好,但是有很多负面的影响。例如,如果只用税收支持,可能基础设施建设规模会比较小;如果收税多,对于经济的打压作用也比较大。但是如果我们转向海外谋求支持和援助,就会有不一样的局面。像新加坡、中国、越南都是借助了很多外资进行投资,中国和越南曾经投入GDP的10%用来进行基础设施建造,但菲律宾从来没有超过10%的份额。总之,我们必须更多地借助外援,而搭乘"一带一路"便车就是菲律宾的不二之选。

总结一下,"一带一路"能够帮助我们互联互通,增强我们的贸易投资和区域合作,对于相关国家特别是"一带一路"沿线国家来说是非常有好处的。我们知道,像联合国的机构、一些商业机构很多时候都不太可能提供贷款,欧洲、加拿大或者其他国家都不太可能给我们太大投资。从全球角度来看,只有中国的"一带一路"基础设施贷款可以为我们所用,使得菲律宾的发展能够得到帮助。

"一带一路"与亚洲秩序调整

薛 力

中国社会科学院世界经济与政治研究所国际战略室主任、研究员

"一带一路"倡议对于中国来说,有可能成为对世界影响最大的中国外交决策之一,甚至可以比肩 1978 年的改革开放。1978 年的改革开放主要是影响中国本身,而"一带一路"建设主要是对中国境外产生影响。用习近平主席的话来说,"一带一路"是世纪工程。"马歇尔计划"实行的四年里,即从 1947 到 1951 年,投入的钱不到 200 亿美元,而中国仅和孟加拉国一国签订的合同就不止 100 亿美元,更不用说跟巴基斯坦、哈萨克斯坦了,与他们签订的双边协议都超过 200 亿美元。如此大的工程,仅仅是为了搞互联互通? 仅仅是为了经济目的? 对未来亚洲潜在的影响是什么? 我觉得还需要好好分析。

从地图上看,中国显然就是处在亚洲中心的国家。在过去 2000 年历史中,中国也扮演着亚洲中心的角色。在过去 180 年,中国自己落后了,结果被边缘化。现在中国不过是处在恢复历史常态的过程中。在这个过程中,对中国的最大挑战不是中国自己实力的上升,而是中国在崛起的过程中,其恢复历史地位的努力能否获得周边国家的承认。对于习近平主席所提出的"一带一路"倡议的目的,我自己的思考体会

是,该倡议是以可被国际社会所能接受的方式影响世界,从而恢复中国在世界上的地位。欧洲国家原来可以搞殖民地或者发动战争,但现在我们既不能搞殖民地也不能打仗,甚至我们投资过多也会被外界说成增加沿线国家的负担。

"一带一路"对内是实现中国梦的手段,对外是为了建立人类命运共同体,这并不是虚言。特别是构建人类命运共同体,这是中国人关于世界治理理念的体现。我所理解的"一带一路"是新一轮的改革开放。但以前的中国对外开放仅仅是全面向西方学习,而这次的开放一方面要继续向西方学习、力求以开放促进改革,另一方面要把自己的比较优势开放给他国。这是跟上次改革开放的最大不同。在方式上,这次改革开放是通过"一带一路"建设,坚持共商、共建、共享,利用中国的比较优势,着眼于基础设施建设。不可否认,在建设过程中我们会遇到很多挫折和问题,但我们现在在东南亚碰到的问题日本三四十年前都碰到过,我们应该学习他国经验,弥补自己的不足。

在"一带一路"下的亚洲秩序重建过程中,未来中国若想在政治、经济、军事、文化等方面全面领导亚洲可能性不大,但仅在经济方面领导亚洲是有可能的。30 年前,日本的 GDP 是中国、韩国和东盟的总和,而 2017 年中国的 GDP 已经是东盟、日本和韩国的总和甚至还多一点。如果一切顺利,中国在经济上超越美国也并非不可能。而在其他方面,亚洲本身是一个碎片化的地区,中国想要从军事、文化、政治上统合起来的可能性并不大。多数亚洲各国的军事特点是和美国建立同盟,在和平年代中国取而代之的可能性非常小。对中国来说,唯有在某些功能领域建立起地区机制是可行路径,例如 AIIB、RCEP 等。中国在未来的亚洲将发挥更大主导性,但是建立一个由中国领导的亚洲联盟却非常困难,印度、美国、日本都不会答应。所以中国必须清楚地意识到自己崛起的局限。

探寻国际合作新机遇

最后说一下中国可能会面对的挑战。对内的问题是经济能否可持续发展,现在中国提出新常态的概念,这意味着原来高速发展的状态无法继续维持。外部而言,最大的挑战来自周边国家对中国的信任。随着周边国家在经济上对中国的依赖越来越大,越来越凸显对中国的信任危机,例如韩国就提出要在经济上减少对中国的依赖。相较之下,为什么墨西哥、加拿大不想减少对美国的依赖?反而是韩国想减少对中国的依赖?我们有些行为是否欠妥?关于这一点值得中国反思。在应对方面,日本为了减少东南亚国家的疑虑曾经推出福田主义,经过一代人的努力以后,现在日本在东南亚印象非常好,而且没有人觉得日本是威胁。这值得现在的中国好好学习借鉴。

为中国的"一带一路"倡议辩护

[孟加拉国] 马赫布卜·乌拉（Mahbub Ullah）

孟加拉国达卡大学发展研究院前任主席、教授

西方总是愿意这样抹黑中国的"一带一路"，说"一带一路"的倡议完全是中国为了自己的利益而设计的，对于其他发展中国家没有好处。我认为，西方媒体居心叵测，对"一带一路"倡议妄加猜测和指责。毛泽东曾经说过，不是东风压倒西风，就是西风压倒东风。他也提出，进入 21 世纪后，就到了东风压倒西风的时候。中国之所以取得这样的成就，是因为从 1978 年开始中国在邓小平主导下采取了改革开放的政策。现在不仅是中国在发展，中国的邻居印度也在发展，它们开始追赶上发达国家。现在中国已经成为世界上第二大经济体，仅次于美国。根据多数人的预测，中国迟早要成为世界第一大经济体，这也是国际货币基金组织重要的结论。美国在 2019 年的时候还是世界上最大的经济体，但是按照购买力平价折算，中国已经超越美国。

还有一种说法，认为到 2020 年中国会获得更大的发展，到 2050 年完全成为高度发达的国家。那个时候，中国、印度、美国、俄罗斯、日本、菲律宾、英国等将构成世界的十大经济体。到 2050 年，中国的名义GDP 可能将达到 21 万亿美元，印度的名义 GDP 到 2025 年时或许会

超越美国、到 2050 年时紧追中国。届时世界经济将掌控在中国和印度手中。如果中国和印度能够求同存异，把分歧放到一边进而携手合作，对于世界将产生巨大的影响。邓小平提出韬光养晦，让中国得到了巨大的发展，中国的低调谦虚应继续保持。

当中国经济力量越来越强的时候，就会对邻国和世界产生巨大的影响。中国提出的"一带一路"倡议引发了一些国家的忧虑和猜疑，这是没有道理的，因为中国提出的"一带一路"能够让各方都实现双赢。我们一直在讨论马歇尔计划和"一带一路"倡议的异同，有关"一带一路"的关键数据让我们看到这是继马歇尔计划之后世界上最大的发展项目。马歇尔计划主要目的是为了重建战后欧洲，把经济的基础设施建立起来，最后通过基础设施的恢复实现了经济的振兴。欧洲非常幸运，当时欧洲虽然在物质性的基础设施硬件方面遭受了损害，但是它的软性基础设施，包括教育、价值观、人力资本等都没有受到很大的影响，所以在短时间内欧洲能够恢复经济并重新崛起。即使如此，输入外部援助资金仍然是非常必要的，如果没有马歇尔计划，欧洲的复兴一定要花费更多的时间，不可能在短期内做到。建设硬的基础设施短期内可以做到，但软的基础设施特别是涉及人力资本和劳动技能的，非常耗时间而且很难短期内看到成效。所以，中国建路架桥是重要的，但从长远来看，需要建立更多的软性的基础设施。为此，中国需要在基础设施之外增加关于人力资源的投入，这能够使有关项目效果更好。"一带一路"现在讲到了五通，其中包括人心相通。五通表明中国已经注意到了软件方面的重要性，这对于未来保证"一带一路"的成功是非常必要的。综上所述，可以看出马歇尔计划跟中国的"一带一路"差别巨大。

中国的科学家需要在"一带一路"沿线国家找到高质量的科学家，并和他们一起在当地开展合作，在这当中就会涉及知识产权和其他相关的问题。目前很多"一带一路"建设的资金来自中国，但这些资金需要跟当地的资源结合起来,否则其成效就会受到影响。中国刚开始认为存在着国内产能过剩的情况,所以希望通过"一带一路"化解一部分过剩产能。但光做产能合作不是最有利的,因为这样的产能意味着转让的技术已经落后,对于某些国家不一定合适。中国如果能够致力于提升沿带沿路国家的制造业能力,可以使当地增加就业、税收,并使这些国家逐步从低工资产业过渡到高工资产业,从而实现他们的产业升级,将会是更加双赢的局面。考虑到很多"一带一路"的沿线国家基本条件较差,中国在进行产业转移的时候需要在工业选址、成本控制等方面做好规划,否则也会带来不少的问题。

现在有人批评中国的"一带一路",说中国在很穷困的国家进行大规模投入,虽然一定程度上促进了当地的发展,但是也使这些国家背上了长期贷款的负担。但是我们必须清醒认识到,在这些国家的发展如果没有贷款支持,几乎是不可能进行的。经济的发展在很大程度上跟地理环境密切相关,如果我们不能通过人为的方式改善那里的地理环境、改变交通便捷程度,想要获得长远支持就非常困难。这些国家如要获得西方和其他商业机构的金融支持也是非常困难的,但中国的"一带一路"完全服务于当地国家。中国跟缅甸、孟加拉国等国进行合作,先通过大规模建设基础设施产生"吸管效应",最后在更大范围内产生正面辐射,从而缩小各地区间的发展差距。基础设施可以使我们市场范围扩大,更好地促进专业化分工,并激发社会的变迁。在很多贫困国家,让穷人参与劳动,也使得贫困和不平等现象得到很好的消除。从长远来看,这能够成为重要的变革,甚至是一场革命,甚至还会影响到社会风俗和社会制度的变革,能够让这些国家的教育和文化也得到极大的促进。我认为,"一带一路"能够解放贫穷国家的人民,使他们从原来束缚人的政治、经济和文化的枷锁当中解放出来。

第二分论坛

综述
东南亚"21世纪海上丝绸之路"建设与
中日合作

 2018年5月14日下午,由上海社会科学院国际合作处、"一带一路"信息研究中心承办的首届"一带一路"上海论坛第二分论坛"'一带一路'东南亚板块中的国际合作"在上海社会科学国际创新基地五楼举行。来自日本贸易振兴机构亚洲经济研究所、国际贸易投资研究所、日本亚洲成长研究所、复旦大学、上海外国语大学、上海社会科学院的各位专家,围绕"一带一路"在东南亚区域的建设现状、中日两国在东南亚地区的战略与政策以及两国如何进行合作等方面进行了深入的讨论。

一、 东南亚与中日两国的关系

 中日两国均为东南亚的近邻,与东南亚有着悠久和深厚的历史与现实联系。与会嘉宾分别探讨了东南亚地区对于两国的重要性,以及中日在该地区面临的现实挑战。

 一方面,东南亚地区是中国"一带一路"建设的关键性地区。作为中国重要的周边地区,自1997年亚洲金融危机后,中国与东南亚国家的关系进入快速发展轨道。2001年中国—东盟自贸区宣布建立,2002年中国成为第一个加入《东南亚友好条约》的区域外大国,2003年中国

探寻国际合作新机遇

与东盟建立战略伙伴关系。正是在政治关系良好的基础上,2013 年习近平主席在印度尼西亚提出"21 世纪海上丝绸之路"倡议。上海社科院世界经济研究所孙立行研究员认为,"一带一路"倡议提出五年来,建设成绩斐然。去年,中国与"一带一路"国家的进出口总额已经占到中国进出口总额的 36.2%。从出口目的地的地理位置、国家文化、交往习惯以及风险可控性等各方面的综合因素来看,主要合作成绩在东南亚地区。中国是东盟第一大贸易伙伴,东盟也是中国最主要的对外直接投资场所。

日本贸易振兴机构亚洲经济研究所副主任丁可研究员指出,东南亚地区具备着在"一带一路"建设中发挥关键性作用的独特优势——华人华侨。作为很多东南亚国家重要的经济力量,华人华侨已经成为联系东南亚和中国的纽带和桥梁,为中国企业在东南亚地区的投资提供帮助,助力中国企业走出去开拓海外市场。以中国企业开展对外直接投资的主要依托——境外经贸合作区为例,最密集的地方就在东南亚国家。香港贸易发展局近期的问卷调查显示,东南亚是中国企业最感兴趣的"一带一路"板块,83%参与问卷的企业表示愿意在东南亚地区参与"一带一路"相关项目。这个数字远远高于 26.8%的南亚,也高于其他"一带一路"相关地区。

另一方面,东南亚地区也是日本第二次世界大战后长期经营的区域。与会日本专家普遍认为,日本一直视东南亚地区为其重要的国家战略区域。日本经过战后对东南亚国家的政策调整,已经将东南亚地区视作它经营亚洲最重要的基地。战后二三十年间,日本出于战争赔偿、扩大出口、采购原料等需要,对东南亚各国开展了积极的经济援助。20 世纪 80 年代日元大幅升值,日本开始对东南亚进行大规模产业转型,开展基础设施建设,优化投资环境。

复旦大学国际关系与公共事务学院包霞琴教授从日本 ODA(官方

开发援助，Official Development Assistance)外交的最新发展论述了东南亚对日本的战略含义。从20世纪50年代开始，东南亚一直是日本ODA的重点区域，平均大概45％左右的ODA投入到东南亚国家，对东南亚的各国经济发展起到了不可忽视的作用。2015年日本发表第三部ODA大纲，新大纲里强调对发展中国家特别是东南亚国家执法机构的能力建设、加强双方海上安保防务合作等。日本在东南亚基础设施行业已经经营了很多年，有很强的人脉和资源网络，目前，日本将大量对东南亚的ODA投入转到高品质的基础设施建设领域。2010年日本政府要求将10万亿日元基础设施订单扩展到30万亿日元，实现3倍的增长。为此，日本成立了相关推进机构——2013年成立了经济合作基础设施战略会议，综合规划日本基础设施出口、对外经济合作这些事项；2014年成立了海外交通和都市开发援助机构，政府出资585亿日元，有50家日本企业参与。这些机构和组织都在全力帮助日本一些企业在海外进行基础设施建设。

专家们注意到，中日两国在东南亚地区都曾经或正在面临一些挑战和困难。

第一，投资带来的社会和经济问题。日本贸易振兴机构亚洲经济研究所上席主任调查研究员大西康雄认为，日本在东南亚的投资经历了从遭遇反感到逐步建立起好感的过程。20世纪70年代日本首相访问东盟五国，在各地都受到了强烈的抵制，这些国家将当地社会不稳定、贫富差距加大等问题归咎于日本对东盟的投资，在曼谷的日本贸易振兴会事务所甚至遭到了打砸抢。上海社会科学院东南亚研究中心主任刘阿明认为，目前中国在东南亚的投资行为也显现出一定的负面效应，有些国家担心国家经济命脉被中国投资所控制，中国在一些国家的投资由于得不到当地民众的理解而被迫停止，甚至给双边的政治关系带来负面影响。

第二,历史与现实争端的限制性因素。东南亚一些国家对于日本在第二次世界大战时的殖民行为印象深刻,它们特别珍视来之不易的民族独立和政治、经济主权;而中国实力渐强,也让一些与中国在南海问题存在争端的东南亚国家相当警惕。2014 年越南国内爆发的大规模、有组织的反华活动就是一个鲜活例证,直接影响到了中国对越南在"21 世纪海上丝绸之路"中的定位,也使得越南这样的国家越来越倾向于使用"两面下注"来对冲中国的影响力。

总体而言,日本在东南亚各国已经率先开拓,潜心经营数十年,与很多国家建立起了良好的投资和贸易关系。作为东盟的对话伙伴国,日本被看作是东盟可以信赖、可以依靠的经济伙伴,东南亚国家对日本的整体认知相当正面。中国与东南亚国家关系虽然起步较晚,但发展速度快、成绩显著,已经成为很多东南亚国家的最大贸易伙伴。中国经济体量庞大,经济发展水平与东盟国家相似性大于互补性,可资借鉴之处和未来成长的空间巨大;日本在东南亚有着长期积累,与各国在贸易和投资关系上互补性大于相似性,东盟对日本的经济依赖依然很大。有鉴于此,中日两国有必要、有可能、有希望在东南亚地区实现合作。

二、 未来中日合作分析与政策建议

中日两国在东南亚的共同存在,是新世纪越来越突出的地缘经济与地缘政治现实。从过去历史教训与未来趋势看,两国合则两利,斗则两伤。与会专家对未来中日合作提出以下观点:

(一) 合作的必要性

丁可认为,在当前新形势下,中日两国在东南亚开展合作是完全必要的。东南亚有6.25亿人口,经济增长速度快,在东亚生产网络中的重要性将不断提升。

第一,海上丝绸之路构想的实现需要国际合作。刘阿明认为,"一带一路"上的东南亚战略支点国家,普遍存在着国内政治与安全情况不稳定、与中国存在领土和领海争端等不利因素,如果能够引入国际合作,将更加有利于"一带一路"项目的推进。更重要的是,从国际政治角度来看,"一带一路"代表一种中国政府所秉承的开放的区域合作战略,欢迎任何国家的加入,这不仅符合东南亚国家的特性,也体现了中国作为负责任大国开放、包容的政治心态。日本亚洲成长研究所部长戴二彪教授认为,中日如果携手合作,有助于增进相关各国对"一带一路"构想的信任,较好地应对东南亚国家担心被迫在大国之间选边而对自己的利益构成伤害的担忧。

第二,有利于两国互补互惠。由于生产要素成本上升,大量中日企业将向东南亚转移,中日企业在东南亚地区展开的产业链合作将会越来越密切。大西康雄和包霞琴都认为,两国之间的优势互补可以体现在资金、成本、管理等各个方面,合作共赢符合彼此利益。中国很多优秀企业有战略眼光,能够及时推出顺应市场需求的产品和服务;日本企业的优点是谨慎、认真,但是决策很慢;中国在数字营销模式、移动支付、跨境电商、营销网络、资金方面有很大优势,日本则可以提供非常精细化、专业化的服务,在社会治理和人才培养领域有优势;在基础设施建设方面,中国项目造价低,速度快,建设经验丰富,适应性强;日方项目耐用性强,质量高,在环保和抗震方面有着非常高的质量。

第三,有利于减少两国在第三国重大项目投资建设过程当中由于过度竞争带来的两败俱伤。中日两国在东南亚的投资方式和投资区域高度重合,造成两国企业在这些国家项目投资上出现激烈竞争,导致两国利益均有不同程度的受损。包霞琴认为,两国间的合作可以化不利竞争为有利合作,抵消恶性竞争中的相互消耗,为中日企业带来双赢。

(二) 合作的可行性

中国和日本都是东南亚国家重要的贸易伙伴和外资来源地,东南亚作为中日合作的第三方平台具备了先行的条件。更重要的是以下两点:

第一,中日两国都重视东南亚地区。2017 年开始,日本政府发声正式支持"一带一路"建设。6 月 5 日,首相安倍首次表明日本将参与"一带一路"倡议。国际贸易投资研究所首席经济学家江原规由把海上丝绸之路看作是日本发展模式的最新版。他认为,对投资"一带一路"沿线国家和地区以及经贸交流感兴趣的日本企业日益增多。2018 年 1 月日本政府正式确立了对参与"一带一路"项目的日资企业的支援方针,目前在华日资企业和中国企业联手投资第三国的条件已经成熟。

第二,中日两国已经在进行事实上的合作。丁可和包霞琴教授都认为,虽然两国之间并没有达成正式协议,但在市场机制的驱动下,中日在东南亚产业层面已经开展了很多合作,有很多成功的案例。比如很多日企入驻中国在印度尼西亚建立的经贸合作区和越南的龙江工业园区;两国产业链合作正在展开,中资企业与周边的日本企业有大量业务上的往来。

当然,与会专家也不否认目前中日合作中仍然存在不确定因素。戴二彪部长认为,虽然企业已经在彼此合作,但总体上日本各界对中日合作还处于观望和试探中,其中美国因素的影响不容忽视。复旦大学日本研究中心副主任高兰认为,从日本和美国的政府文件来看,印太战略在某种意义上是中日之间的对抗方式或者说是日本要限制中国在"一带一路"沿线进一步发展的对冲战略。应该抓住中日关系改善的契机,借助良好政治气氛,将中日在第三方平台上的合作推向一个新高度。

(三) 合作路径

各位专家就如何进一步深化中日两国在东南亚地区的合作做了深入交流。大家注意到,近日两国签署《关于中日第三方市场合作的备忘录》。在此基础上,中日合作领域可以包括:

第一,进行产能合作。"一带一路"基础设施常常面临投资风险较大、项目进展缓慢等严峻问题,多年来,日本一直在产业升级、节能环保、物流三个领域给予东南亚国家重点扶持,中日两国成功的产业链合作将形成以产业促基建、以基建带产业的良性互动。

第二,PPP项目式合作,即实现政府、社会资本和企业三方合作。两国应选择第三国需求大、两国容易发挥各自优势和获得互补利益的领域,相互开放在海外的PPP项目,为双方创造巨大商机。

第三,金融合作。上海外国语大学中国学研究所所长武心波和大西康雄都认为,中日在资金融通方面的合作有利于提升"一带一路"相关项目的融资概率。中日已经重启了货币互换协议,今后,区域范围内更高水平的一体化应更多体现在人民币结算业务的不断扩大。

第四,合作建设产业园区。中国已经在"一带一路"沿线的23个国家和地区建设了45个合作园区,已经投资的中国企业达到2 230家,越南、泰国、印度尼西亚等国都位列中国投资目的地的前几位。今后,通过在东南亚国家推进国际产能合作和PPP项目合作,中日合资建设产业园区将更有针对性地提升两国与东南亚国家的经贸关系。

第五,加强民间经济合作。由于财政预算不足,近年来日本ODA(官方开发援助)的数量有很大下降,同时不得不更加重视与民间资本的合作。丁可认为,中日两国在东南亚地区长期经营,构成了企业间合作的历史基础。以企业合作为主轴,更加强调企业的市场行为,而非政府的"战略"行为,有助于消除由于政府走在前面而引起的第三国担忧。

与会专家一致认为,"一带一路"为中日开启了务实合作的新篇章,中日两国需要携手应对亚洲经济发展面临的新威胁。正如江原规由教授所称,现在全球治理已经落后于时代的需求,"一带一路"倡议集中体现了东方智慧,来自东方的智慧将成为未来全球治理的核心理念。日本需要和中国合作,这是日本未来必然的趋势,也是全球经济发展和未来全球治理所提出的历史性要求。今后,中日应该更加积极地促进两国民间交流,致力于增加两国人民相互理解和亲近感,培养青年一代的相学相知,让中日和平友好事业再启航,更好地准备迎接一个由西方主导转向东方主导的新时代、新世界。

（刘阿明供稿）

"一带一路"发展现状及中日合作的机遇与前景

孙立行

上海社会科学院世界经济研究所研究员

我今天的发言题目是"'一带一路'发展现状及中日合作的机遇与前景"。

首先从"一带一路"发展现状来说,我们知道 2013 年"一带一路"倡议提出来到现在大概是五年时间,应该说各个领域成绩斐然,下面我主要从经济领域来谈,我将其经济领域的成就概括成一句话,即"一带一路"激发了区域投资贸易新的活力。具体而言,从投资规模来说,中国企业对"一带一路"沿线国家新增投资增速还是非常明显的,2017 年比 2016 年增加了 3.5 个百分点;从区域分布来看,"一带一路"投资区域主要集中在东亚、西亚、中东、北非及中东欧,但相比较而言,投资最多的还是亚洲,聚集在东南亚、西亚地区,投资占比超过 60%;从行业分布来看,还是传统行业居多,其中,能源投资占据一半以上,基础设施的交通运输也占据很重要的地位,另外,电信等投资行业也是中国对"一带一路"沿线国家直接投资较为集中的产业领域。从较长的时间跨度也可以看出,能源、金属、交通运输、房地产业也是中资企业海外投资

探寻国际合作新机遇

相对集中的行业。

中资企业在"一带一路"沿线国家的最主要投资方式是工程承包。据相关数据统计,去年我们对外承包工程新签合同在 5 000 万美元以上的项目数大概为 780 个,共计金额 1 980 亿美元,占到"一带一路"投资总额的七成以上。另外一个非常明显的特征是,以往中资企业对外投资以绿地投资为主,现在企业对外投资并购活跃。2017 年我国企业完成并购项目总额逾 960 亿美元,而同期的直接投资约为 210 亿美元,仅占对外投资总额的 22%。

从对外贸易来看,现在"一带一路"国家的贸易额占到全球贸易额近三成。中国现在已经成为"一带一路"国家重要的进出口市场。从进出口目的地来看,基于地理位置、文化习惯、风险可控等综合因素,主要还是集中在东南亚地区。去年中国和"一带一路"国家的进出口总额已经占到了中国所有进出口总额的 36.2%。从贸易结构上讲,有一个特征很明显,即 2017 年的出口额比 2016 年增长了 8.5%,但相对出口,进口额增长速度更快,大概在 19.8%,这也是自"一带一路"倡议以来进口额首次超过了出口额,并且高出了 10 个百分点以上。从出口商品的结构来看,电机电气设备出口增速增加最快。我们以前一直认为是劳动密集型产业出口增速,但事实上,现在我们看到中国增速最快的是电机电气。从进口增幅而言,燃料进口是最大的,大概为 400 亿美元。若从具体的出口和进口商品来看,则出口比重占比较大的是电话机和计算机,超过 3% 以上,进口主要是集成电路、石油原油等。

我想讲的第二个内容是,"一带一路"为中日开启了务实合作的新篇章。这个和世界经济环境的变化非常有关,中日两国需要携手应对亚洲经济面临的新威胁,而这新威胁最主要来自美国。一个是美国与中日经济金融周期出现了分化,另一个是美国经济政策发生了重大调整。我们知道,美联储于 2015 年 12 月退出了量化宽松货币政策,开启了新一轮的加息周期,再加上特朗普实施的收缩战略,特别是减税政策的推出,对整个全球跨境资本流动或者宽松的流动性环境造成了很大的影响。还有就是美国退出 TPP(跨太平洋伙伴关系协定,Trans-Pacific Partnership Agreement)、推行单边贸易保护主义,这对刚刚复苏的全球贸易增长是一个很大的冲击。特朗普上台后的所有经济政策的调整包括美联储货币政策都是出于想要海外资金回流美国,全球跨国制造企业返回美国。我们看到,美联储 2015 年底加息后,流入东亚地区的国际资本规模大幅下降并呈现流出态势,给东亚金融市场的稳定造成新的威胁。尽管如此,中国对东亚与西亚地区的投资占比仍保持在 63% 以上。其中,中国对东盟直接投资额 93 亿美元,而东盟对中国的投资近 30 亿元,前者是后者 3 倍多,由此可见,东盟还是我们中国最主要的对外直接投资的场所,或者说是我们"一带一路"国际合作的重要载体。

中日合作基础牢固。去年我们中日双边贸易已经走出连续五年的负增长,双边投资也摆脱了低迷的态势,呈现出逐步回升的势头,这是非常好的态势。另外,中日经贸结构的互补性依然很强,并且在如今产品内价值链分工上处于不同的生产环节。中日两国有很多利益交汇处,只不过我们怎么样找到利益的最大公约数。中日关系也正从"政冷经冷"转向"以经促政"。今年是中日友好条约缔结 40 周年。李克强总理今年 5 月上旬刚刚访问了日本,开启了中日破冰之旅,中日关系迎来了"小阳春"。还有就是第七次中日韩首脑峰会将重启。前一次是 2015 年在韩国首尔举行的,已经三年了,这些都为中日合作创造了良好的条件。中日两国应抓住这样的契机推动中日两国关系的改善,深化两国合作,特别是经济合作。在当前复杂多变的世界经济背景下我们两国都有责任。另外一个有利条件是,"一带一路"倡议也为实现中日合作共赢搭建了新平台,开拓了新渠道。这次李克强总理访日,中日

探寻国际合作新机遇

两国领导人对在"一带一路"沿线共同开拓第三方市场的合作机制达成协议,包括希望搭建一个官民交流的合作平台,以民间交流促进官方政府的合作,这是一个很好的合作开端。

我想讲的第三部分是,中日合作的前景非常广阔。中日在东南亚的投资方式和投资区域高度重合,且两国投资的领域也都是基础设施建设。况且,日本在东南亚基础设施网络已经积累了很多年,有很强的人脉和资源网络,这些都是中日合作的基础。如果中日两国在这个领域不合作,一定会造成两国企业在东南亚国家的基建项目投资上出现恶性竞争,最终都将有损两国利益。事实上,中日两国通过优势互补,合作共赢符合彼此的利益。优势互补体现在好几个方面,例如,在资金、成本、管理等方面。日本有非常好的精细化专业化服务,而中国在数字营销模式、移动支付技术、跨境电商等方面也有比较优势,而且中国的劳动力成本还是具有竞争力的。至于合作方式还是应以基建项目为先导,通过合作协议的方式,尝试把这些制度以条文的形式落实下来,保障双方合作的实施,并在此基础上不断推广至其他合作领域,进而探索出一个"一带一路"国际合作的新模式、新机制。此外,怎么样把民间的资本利用起来。现在中国在"一带一路"对外投资合作领域,一般都采用 BOT(即建设—经营—转让,Build-Operate-Transfer)的方式,如何将 BOT 与 PPP(政府和社会资本合作,Public-Private Partnership)方式相结合,换句话说,能否把海外的民间资本也引入到这样的模式当中,还有很多需要探讨的问题。

中日合作还呈现出一个新特征。以往的中日合作仅仅停留在经贸领域,双边贸易或者双向投资,但这次的合作已从经贸合作拓展至金融领域的合作。除了亚投行和亚行开展国际融资机制合作外,这次李克强总理在日本提出的开展本币互换协议,也让日方觉得非常有意义。尤其在目前美元主导国际货币体系下,区域内如果能够实现本币结算、本币计价,对稳定本地区投资是非常有益的。中国还将继续扩大金融市场的双向开放,并承诺给日本 2 000 亿 RQFII(人民币合格境外机构投资者,RMB Qualified Foreign Institutional Investors)的额度,即允许日本合格投资者投资中国的资本市场。此外,中日两国还应扩大中国熊猫债和日本武士债的发行,加快实现两国金融基础设施的互融互通。目前,中国内地和香港的证券市场已开通了"债券通",上海和伦敦两地的证券交易所也在共同研究开发"沪伦通",为什么上海和东京两地的交易所之间不能搞一个"沪东通",我想这也是中日应该合作推进的方向。

加强中日合作有助于推进区域经济一体化。上午的全体大会上嘉宾发言也讲到了 FTA(自由贸易协定,Free Trade Agreement)。中日韩的 FTA 如果达成的话,不但只是降低关税的问题,最主要是能够解决非关税方面的投资贸易问题,对促进中日两国的经贸合作发展是大有益处的。在这个基础上推进 RCEP,也就是区域全面经济伙伴关系(Regional Comprehensive Economic Partnership)。亚洲新兴市场经济的经贸结构决定了构建多边贸易投资体制是最适合于亚洲经济发展的。中日韩都不希望放弃多边,这个和我们经济发展是完全吻合的。很多人问日本现在取代美国主导达成了一个基本的 CPTPP(全面与进步跨太平洋伙伴关系协定,Comprehensive Progressive Trans-Pacific Partnership)框架,那为什么还会参与到"一带一路"国际合作框架中。我认为,CPTPP 和"一带一路"完全不矛盾,不是说一个国家参加了 CPTPP 就不会参加中国倡导的"一带一路"新型多边合作体制。因为存在"网络效应"或者说"网络外部性",使得参与者能够获得更大的经济收益,呈现出"赢者通吃"的特征。加强区域金融合作的意义就更大。时至今日,我们对亚洲金融危机还是记忆犹新,亚洲金融危机产生的根源就是存在双重不匹配,一是期限不匹配,二是货币不匹配。为此,

探寻国际合作新机遇

加快构建亚洲债券市场，目的就是在有效缓解双重不匹配问题的基础上，怎么样更好地把亚洲的金融资源留在亚洲，怎么样盘活亚洲金融资源，为亚洲经济服务，为促进亚洲金融市场发展作贡献。

最后，我还想提的就是建设东亚经济共同体，这是我们的目标。东亚经济共同体不仅仅是市场一体化，包括能源安全、金融安全、公平的可持续性发展的自由贸易等，都是东亚经济共同体的核心内容。

日本、中国与东亚、东南亚的经济关系

［日本］大西康雄（Yasuo Onishi）

日本贸易振兴机构亚洲经济研究所上席主任调查研究员

今天我的发言内容主要是四个部分。第一，对日本对外援助和海外投资的历史做一个回顾，特别是在东南亚的情况。第二，分析基于过去的历史而形成的东亚和东南亚国际分工。第三，在国际分工体系当中，东盟和中国建立了很多 FTA（自由贸易协定），日本是如何应对东盟和中国之间的 FTA 的。第四，中国企业未来"走出去"的形势变化以及中国提出的"一带一路"这一新倡议将会带来什么样的新影响。

第一，关于日本对外援助和海外投资。20 世纪 50 年代，日本的战争赔偿在亚洲经济发展当中起到了很大的作用。特别是在东南亚，包括菲律宾、印度尼西亚等，日本都对他们进行了战争赔偿。自此之后到 20 世纪 60 年代，日本的援助政策以日元借款为核心，而日元借款也具备市场开拓的功能。在这个阶段，除了东南亚，由于和韩国恢复了邦交，日本也开始向韩国提供资金。对这样一个时期，希望大家关注两点：（1）在日本国内，有关亚太经济圈新的思路已经形成；（2）设立了非常多的机构处理日本新的对外合作关系，比如说日本进出口银行、日本贸易振兴会都是 20 世纪 60 年代成立的。20 世纪 70 年代是日本真

探寻国际合作新机遇

正开始进行海外直接投资的时期。受尼克松事件的冲击,日元剧烈升值,为应对这一趋势,日本对外直接投资开始急剧增长,我们把 1972 年称为投资元年。在当时日本对外投资的风潮中,东南亚正好在通过引进外资来发展自己的国家。但当日本首相访问东盟五国时,却受到强烈的抵制,还有游行活动,这是因为东盟国家认为当时的社会不稳定和贫富差距是日本投资造成的,包括设在曼谷的日本贸易振兴会事务所当时也被打砸抢。因为有此遭遇,日本开始反省自己的对外投资活动。福田首相出访东盟后发表了"福田主义",主张日本不是一个军事大国,日本将和东盟建立互惠以及互相信任的关系。此后日本对东盟的投资就有了进一步的增加。为了应对当时的石油危机,日本也加强了对海外的投资。20 世纪 80 年代是一个剧烈变动的时代,日本和美国的贸易摩擦激化,和中国目前面临的情况是一样的。但日本和中国的定位不一样,日本必须对美国进行让步。即使是出口量最大的汽车,也不得不自己施加限制。另外一个重大事件是广场协议,这给日本经济带来了很大的冲击,仅仅 10 年之内日元升值了 3 倍左右,使得日本的出口越来越艰难。而日元升值导致不得不增加对海外的投资,日本最早通过援助支持一些国家进行基础设施建设,这时转变为直接投资,帮助这些国家形成产业高地,这对他们形成以出口为目的的工业化模式是非常有用的。

第二,关于 20 世纪 90 年代开始的东亚和东南亚的国际分工。在亚洲国际分工不断深化的过程中,日本的对华投资也在不断增加,在中国和东南亚两个地区之间建立了国际分工和供应链。由于 1997 年的亚洲货币危机,整个亚洲货币体系变得非常不稳定,亚洲整个经济出现了萎缩,日本的经济也出现了衰退,日本企业的经营模式也面临冲击。首先是日本企业的对外投资发生了很大的变化,最早是对东南亚和中国分别投资,但由于中国东盟成立了新的 FTA,日本的投资也开始应对这样一种市场的整合,出现了三个新的动向:(1)工厂布局的重组;(2)投资不再是为了出口,在当地生产、当地销售的趋势越来越明显,特别是在中国;(3)开始积极地进行技术转移。

　　第三,日本如何应对东盟和中国之间的 FTA。由于上述的变化,在 2000 年左右产生了我们称之为三角贸易结构、以中国为核心的东亚地区国际分工体系。中国成了制造中心,日本从东南亚进货转向了从中国进货,然后在日本进行最终组装之后出口到欧美特别是美国市场,同时中国和东盟之间也签订了 FTA。在此背景下,日本政府奉行的是什么贸易投资战略呢? 福田、小泉首相都访问了东盟,提出要做一个日本式的 FTA,即不光为了降低关税和促进经济合作,而且为了双方能够获得稳定的成长进行包括人才培养在内的合作,合作内容不光是货物和服务贸易,还包括经济贸易的促进和制度的接轨等。东亚是全球的 FTA 落后地区,当时日本也认为要加紧制定 FTA。但在那之后,安倍首相觉得比起日中韩 FTA,要更加优先的是 TPP(跨太平洋伙伴关系协定),他把所有资源投入到 TPP 里面,因为美国退出了,TPP的签署一度停了下来。日本还想与欧洲签署 EPA(日本与欧盟经济伙伴关系协定),通过这种方式促进日本的贸易和对外投资。

　　第四,中国企业未来"走出去"的形势变化以及"一带一路"倡议的影响。中国对外直接投资已经超过 13 500 亿美元,日本人看到这个数字很惊奇,因为日本对外投资累计额只有 14 000 亿美元,在短短的时间内中国就已经达到了日本过去的水平。但中国对"一带一路"沿线国家的投资只有 1 294 亿美元,并没有达到很高的水平。对东南亚的投资为 715 亿美元左右,只占整体的 5.3%。通过中日的对外投资形成了产业聚集地、国际分工网络以及供应链。日本企业和中国企业可以在目前建立起来的网络上发挥各自的相互优势,进行更多元化的合作。在此背景下,我认为"一带一路"倡议的提出是非常有意思的,对日

探寻国际合作新机遇

本来说有很多积极的意义。日本政府为了应对现在的环境变化也推出了自己的一些方案,如针对第三国的所谓的日中民间经济合作。这表明了日中合作的舞台已经逐渐转移到第三国,这也反映了现在情况的变化以及日本积极响应的态度。

中日企业在"一带一路"东南亚板块合作的现状与展望

丁 可

日本贸易振兴机构亚洲经济研究所副主任研究员

我今天发言的核心观点是东南亚将成为中日"一带一路"合作最重要的舞台,中日企业围绕东亚生产网络的产业链合作将成为中日东南亚合作的重中之重。

最近一年以来,中日两国就"一带一路"合作达成了诸多共识。2017年6月5日,日本首相安倍首次表明将参与中国发起的"一带一路"倡议。APEC会议上,两国首脑推动商务合作,为包括"一带一路"在内的区域和世界的稳定与繁荣作出贡献。2018年1月,日本政府正式确立了对参与"一带一路"项目的日本企业提供支援的方针,日本将在第三国产业升级、节能环保、物流三个领域给予重点扶持,其中第三国产业升级和我要强调的产业链合作之间关系非常密切。

为什么东南亚板块会成为中日企业开展"一带一路"合作最重要的舞台?一方面,两国在东南亚地区都有长期的发展,这构成了企业间合作的历史基础。另一方面,由中日所主导的东亚生产网络的分工格局正面临重大的调整,东南亚地区在这一网络中的重要性将不断提升,这是两国企业在这一地区开展合作的现实需要。

我们先回顾一下两国在东南亚地区的发展情况。先看日本,在战后二三十年的时间内,出于战争赔偿的需要,并且为了扩大出口、采购原料,日本对东南亚各国开展了积极的经济援助。1985 年被迫与美国签署广场协议,日元大幅升值,日本开始对东南亚进行大规模的投资,开展基础设施建设,优化投资环境。要强调的一点是,在最近十年内的任何一个时间点,日本对东南亚投资的余额都超过中国,而且最近差距在拉大。这说明,不管中日关系紧张还是缓和,不管中国是不是世界工厂,日本最看重的还是东南亚,东南亚是它经营亚洲最重要的基地。东南亚还是日本很重要的贸易伙伴,仅次于中国和美国,居于第三位。无论是交通基础设施,比如说机场、地铁、桥梁、港湾,还是火力水力发电和工业园区,日本的主要项目都集中在东南亚地区。日本企业的生意做到哪里,日本的经营服务就跟到哪里。所以,主要日系银行在东南亚网点很密集,日本的三大行在每个东南亚国家都有网点,泰国是其中的最重点。

再看中国,东南亚对于中国也有特别的经济意义。例如,华人华侨是东南亚最重要的经济力量,现在全世界居住华人华侨 100 万以上的国家有 6 个,除了美国外,其余 5 个都在东南亚。这些华人华侨构成了联系东南亚和中国的纽带和桥梁。最近中国企业走出去开拓海外市场,东南亚的地位在不断提升。以中国目前在国际市场上最具竞争力的智能手机行业为例,2016、2017 年智能手机全球市场的发展是停滞的,中国占比在下降。但这种情况下,亚太新兴市场特别是东南亚市场却在大幅提升,比如 2017 年 OPPO 和小米在印度尼西亚的市场份额就分别是第二和第四,走在东南亚大街小巷随处可以见到 OPPO、华为这样的中国自主品牌的专卖店。中国企业走出去开展对外直接投资主要依托的是境外经贸合作区,而经贸合作区最密集的地方是东南亚地区。本次会议的主办方之一香港贸发局 2016 年做了一个问卷调研，结果显示东南亚是中国企业最感兴趣的"一带一路"板块，83％参与问卷企业回答愿意在东南亚地区参与"一带一路"相关项目。这个数字远远高于南亚的 26.8％，也高于其他"一带一路"相关地区。

以上是对中日两国在东南亚的发展的回顾，这是两国在这一地区开展合作特别是产业链合作的历史基础。同时我们也要强调，在当前新形势下，两国在东南亚开展产业链合作又产生了新的需求，这是围绕东亚生产网络展开的。传统的东亚生产网络是，日本对中国出口附加价值比较高的中间产品，在中国加工组装成最终消费品出口到美国以及欧洲的市场，东南亚参与这个分工体系，但是它的占比比较小，而且东南亚参与的主要是面向中国的中间产品贸易。但在当前新形势下，这张中日主导的生产网络分工格局将出现重大调整，中日仍然是这张网络最重要的主导力量，但是中日合作的舞台会逐渐从中国转移到东南亚。主要有三个理由。第一，要素成本如劳动力成本的上升，迫使大量中国企业以及在中国投资的日本和韩国企业向东南亚转移。第二，当前中美贸易摩擦迅速升温，并且在有可能长期持续的大背景下，中国对美出口的一部分很有可能转化为东南亚的对美出口。第三，东南亚有 6 亿以上人口，这个地区在东亚生产网络当中的重要性将不断提升，中日企业在东南亚地区展开的产业链合作将会越来越密切。

可以看相关数据。目前，中国的工资水平已经相当高了，为每个月 470 美元，远远高于东南亚工业国水平。关于中国和东盟对美贸易的情况，2016 年美国对东盟的贸易逆差大约是 450 亿美元左右，而对中国的贸易逆差在两年前已经达到了 3 500 亿美元。美国贸易逆差是一个结构性问题，只要美国的消费率高于美国的储蓄率，贸易逆差就会长期存在。如果中国在相当长时间内没有办法对美出口，这个逆差就会转移，而最有可能承接转移的地区就是东南亚地区。再看一些行业的个案,如日本运动鞋制造商 2010 年有 60％产能集中在中国,东南亚占比不到 40％。但 2016 年东南亚产能迅速提升,印度尼西亚和越南分别集中了 29％和 39％的产能。随着中国比较优势的消失,所有劳动密集型行业包括制衣行业等,都有可能加速对东南亚进行产业转移。再看手机行业,技术含量比较高,对产业链的依赖程度比较高。最典型的案例是三星,三星刚刚关闭了广东惠州的工厂,其产能大部分转移到越南去了,越南工厂出货量占到全球三星出货量的 50％,而中国从65％下降到 20％。中国一些自主品牌也开始在东南亚建厂,如OPPO、小米都选择在印度尼西亚建造他们的制造业基地。手机行业的这种产能转移既有劳动力成本的因素,也有市场开拓的因素,三星还有对美贸易逆差的考虑在内。各种因素一同起作用,使手机行业也有向东南亚转移的优势。在这个大背景下,我们发现一个有趣的现象:在传统的东南亚生产网络当中,东南亚出口中间产品到中国,现在是东南亚国家开始从中国进口中间产品。在最重要的东南亚五个工业国中,日企在 2010 至 2016 年之间对中国中间产品的采购比率始终在上升。其背景就是日本企业转移过去了,但是供应商带不走,现在要通过中间产品的贸易和供应商加强联系。但我预测,如果中美贸易摩擦持续下去,这些供应商很有可能也会跟着它的客户一起转移到东南亚去。

在市场机制的驱动下,虽然两国之间并没有达成什么正式协议,但是中日在东南亚产业层面已经开展了很多合作,有很多成功的案例。比如中国—印尼经贸合作区设在印度尼西亚首都雅加达附近的国际工业中心里面,有很多日企已经进入,两国产业链合作已经展开。在中国投资的越南龙江工业园区,其网站已经有了日文版,它有很多客户是日本企业,其中的中资企业也和周边日本企业有大量业务上的往来。在外贸行业,沿海地区很多外贸企业把从日本接到的外贸订单转到东南亚,比如江苏红豆集团主导开发的西哈努克港园区。在基础设施领域,我们看到的都是竞争。如果我们聚焦于产业链合作,看到的则是共赢。产业链合作和基础设施建设是可以良好互动的。"一带一路"基础设施常常面临投资风险较大、项目进展缓慢的严峻问题,我们不能让中国在"一带一路"地区的基础设施项目变成中长期的赤字项目。基础设施投资怎么收回效益是一个大问题,怎么解决?我认为,要用产业促进基础设施投资。中日两国成功的产业链合作将形成以产业促基建、以基建带产业的良性循环。所以,我认为中日企业围绕东亚生产网络的产业链上的合作将成为现阶段合作的重中之重,这必将符合中日双方的利益,也是东南亚各国所期盼的。中日两国携起手来共同帮助东南亚经济发展和工业化,将为"一带一路"的发展带来更多的有利因素。

如何推进海上丝绸之路建设中的中日合作

戴二彪

日本亚洲成长研究所部长、教授

2013 年中国领导人推出"一带一路"倡议以后，包括德国、英国、法国等发达国家在内的许多国家对这个构想表示了支持，现在已经有 77 个国家对这个倡议的配套——亚投行——表示支持并加入了亚投行。但是日本政府和美国一样一直对"一带一路"构想保持怀疑、警惕的态度，合作意愿比较消极。直到 2017 年 10 月以后，日本领导人在与中国领导人交流时才开始直接正面评价"一带一路"。安倍在越南开 APEC 峰会的时候，他在与习近平主席的会见中，正面评价了"一带一路"的构想，并且表达了在第三国推进两个国家合作的意愿。我感觉，最近国际政治经济形势有相当的变化，总体上日本各界对中日合作还处于观望、试探阶段。企业之间已经有合作了，但是总体上还处于试探当中。我们知道海上丝绸之路是构成"一带一路"的两大重要经济带之一，今天我围绕三个问题和大家做一个交流：第一，中日合作的重要性；第二，阻碍中日合作的因素；第三，推进中日合作的方式。

首先是中日合作的重要性。海上丝绸之路覆盖的主要是亚欧，也包括非洲，这是需要国际协力才能实现的构想，不是一个国家就能够实现的。所以,同处东亚的中日两个经济大国之间的合作,意义非常重要。从经济的角度来说,重要性至少有这样三点:(1)海上丝绸之路沿途各国人口众多,经济增长的速度很快。依据最近的统计数据,像越南、印度这些国家年增长率都在10%左右并已超过中国,市场规模在日益扩大。这些地区矿产资源也相当丰富,对于市场和资源两头都依赖很重的大国,必须要重视。日本率先在东南亚各国进行开拓,经营了非常长时间,和很多国家已经建立了良好的投资贸易关系。北美是日本对外投资的重要地区,但是2010年以后亚洲已经超过了北美成为日本对外投资最重要的地区。日本对亚洲的投资最初是投资到"四小龙",对中国的投资曾经最重要。但2010年钓鱼岛事件发生以后,日本对东南亚投资的比重超过了对中国投资的比重。一个国家对外投资基本上有两个目的:一是寻求低廉的中间投入、劳动成本和原材料;二是为了开拓当地的市场。有些专家强调因为中国劳动力成本上升,所以日本企业转移到东南亚。但美国劳动力成本非常高,却一直是日本对外投资的重点,因为美国一直是日本最大的市场。所以,劳动力成本高并不能充分说明日本投资为什么向东南亚转移,政治因素也非常重要,政冷导致经冷,日资就转到东南亚地区。

中国虽然走向世界比较晚,但是最近中国已经成为东南亚很多国家的最大贸易伙伴。中日如果携手合作,有助于增进相关各国对"一带一路"倡议的信赖。对中日两国也有好处:第一,对日本而言,如果东南亚地区的经济得到发展,也将会增加日本在当地的商机。第二,有利于两国互补互惠。中日各有长短,中国很多优秀企业有战略眼光,能够及时推出顺应市场需求的产品和服务,日本企业的优点是谨慎、认真,但是决策很慢,营销力不足。现在日本年轻人喜欢躲在办公室里,很难融入到当地市场。中日如果加强合作,可能通过相互弥补获益。第三,可以显著减少两国在第三国重大项目投资建设过程当中过度竞争带

探寻国际合作新机遇

来的风险。过度竞争下的投资是不可能持续的,最后的结果一定是两败俱伤。合理的定价有助于竞标成功方有足够的利润空间,有机会带来中日企业的双赢。另外,这些合作不光是对中日企业双赢,也有助于为当地提供质量更高的基础设施和产品,实现多赢。

除了强调中日合作的好处之外,我也想谈谈阻碍中日合作的几个因素。第一,中美政经关系的走向,日本对外政策的轴心是日美关系,中日关系相当程度上决定于美国和中国的关系。改革开放以后,虽然中美关系有一些曲折,但总体上美国和中国关系还是相当好的,美国为中国的改革开放提供了市场、技术、人才培养,对中国经济发展作出了非常大的贡献。因为很长一段时间内,中国经济的份量和美国比差距过大,中美制度差异带来的分歧并不显著。随着中国经济规模的增大和在国际政治经济舞台上声音的增强,中美意识形态和政治制度差异所导致的对世界经济、政治秩序的影响,引起了很多西方国家特别是美国的警惕,中国威胁论的声音越来越强。在这样的情况下,日本的站队选择就会受影响。第二,历史认识问题和领土争议问题。第三,企业所有制等经济制度差异。中国走出去的主力还是国有企业,但日本都是私有企业。有人会问,中国企业代表的到底是企业行为还是政府行为,这些差异也会给合作伙伴带来一些担忧。第四,发展阶段不同,商业行为习惯不同,特别是在保护知识产权和遵守法规等方面存在差异,这也影响日本企业的合作意愿。第五,2010 年以后两国间高层交流明显减少,钓鱼岛事件以后高层交流基本上都停止了。一开始是政冷经热,但是慢慢政冷就影响到了经济交流。改革开放以后日本一直是中国的最大进口国,但是 2013 年以后最大的进口国变成韩国,日本落到了第三、第四的位置。根据贸易模型分析的话,这非常不可理解的。日本和中国的距离与韩国差不多,经济规模是韩国的 3 倍,但是日本对中国的出口还不如韩国。经济因素对此完全不能解释,只能从政治因素解释。

至于推进中日合作的方法，我想可以包括以下几方面：第一，继续推进中国国内经济、科教、文化、法制、国防等方面的综合发展。作为世界上的领导国家之一，要让人家信服，首先国内经济要搞好，各方面综合发展，体现经济大国的市场魅力和综合国际影响力，这是推动日本以及其他国家与中国积极合作最重要的基础。第二，要实事求是地评价改革开放以后日本、美国等发达国家对中国经济发展的重要贡献，客观上他们对中国经济发展起了重要作用，不能总是带有偏见地看待人家。第三，要以中日和平友好条约缔结 40 周年为契机，重建政府间高层交流机制。中日经济高层对话是从 2007 年开始的，2008 年金融危机中断了一年，第二次是 2009 年 6 月，第三次是 2010 年 8 月，然后钓鱼岛事件以后就中断了。第四次隔了 8 年，上个月在东京召开。紧接着 5 月份李克强总理访问日本，这也是中国总理 8 年来第一次访问日本，访问期间两国讨论了维护自由贸易、推进两国经济协作、东亚安保等重大问题，并签署了《关于中日第三方市场合作的备忘录》《海空紧急联络机制》。中国飞机穿越日本附近海峡的时候，日本一般都是紧急出动飞机，有了这个机制以后，可以避免擦枪走火。当前双边关系明显转暖的成果来之不易。这个过程中日本政府也是在反省以前对美国一边倒的政策到底好不好，毕竟中国是一个发展中的经济大国。两方有些价值观、制度不可能一下子达成共识，但是做出友好姿态是非常重要的。

未来两国关系如何巩固？在合作过程当中，还是应该以企业合作为中心。企业合作是一个市场行为，如果政府走在前面容易引起第三国的疑惑。当然，基础设施建设本来就是一个公共投资，两国政府、研究机构、大学可以发挥牵线搭桥的作用。在合作领域上，也是应该以企业选择为主，选择第三国需求大、两国容易发挥各自优势和获得互补

探寻国际合作新机遇

利益的领域。还有一点是促进两国民间的交流,存异求同,增加两国人民相互理解和亲近感。正如李克强总理 5 月 8 日在《朝日新闻》发表的《让中日和平友好合作事业再起航》一文中所指出的那样:推动更多中日青年人互访,培养青年一代的相学相知,让他们在真实的历史启示中选择未来的路径。这样,中日关系的明天才是有希望的,持久和平的未来才是有希望的。

日本应对"一带一路"的战略与中日合作对策思考

高　兰

复旦大学日本研究中心副主任、教授

我今天要汇报的内容是关于日本对"一带一路"的战略应对问题。2018年5月9日李克强总理访日时提出了"中日韩＋X"的合作模式，我想借着这个新概念谈一点粗浅的看法。包括四个方面：第一，"中日韩＋X"模式究竟是什么样的概念。第二，在"一带一路"框架下中日合作的现状，包括其问题、合作动力等。第三，谈一下"中日韩＋X"模式下如何进行具体的合作。第四，前景分析。

第一部分，关于"中日韩＋X"模式的概念。在座各位都是经济学专家，我从国际关系的角度简单地做一些分析。2018年5月9日，中国总理李克强在日本出席中日韩领导人会议时表示，中日韩要通过"中日韩＋X"的模式开展与第四方甚至更多市场的合作。合作旨在产能合作、灾害管理、节能环保等方面发挥中日韩三方的优势，"中日韩＋X"中的X可能指第四方国家，也可能指三国进一步加深合作的具体领域。根据这样一种思路，中日在今后"一带一路"框架下进行合作的空间被拓宽了。

探寻国际合作新机遇

第二部分,关于"一带一路"框架下中日合作的现状。两个国家要开展合作,首先分析各自的战略,看有没有合作的可能性并找出具体的合作方向、途径。从日本方面看,有三个战略要点:区域合作战略、海洋战略和地缘战略。(1)日本的区域合作战略。20 世纪 80 年代以来,日本总体上是追求一种高层次、高水平的合作,特别是 TPP(跨太平洋伙伴关系协定)。安倍首相提出,TPP 是日本的百年大计。日本对中国倡议的"一带一路"的看法是,中国在环保政策、知识产权和一些具体的产业合作政策方面可能会给沿线国家带来一些公共产品,但有可能是不符合规则的公共产品。(2)日本的海洋战略。日本是海洋强国,从它的海权发展逻辑来看,它希望继续维持东亚的海洋强权,认为中国的"一带一路"倡议特别是海上丝绸之路的建设挑战了日本传统的海权地位。(3)从日本的总体地缘战略来看,其所主张的日本海上生命线——从中东到马六甲、印度洋、太平洋——和"一带一路"的路径是基本上重叠的。从上面三大战略来看,日本认为中国提出的"一带一路"倡议本质上挑战了日本现有的战略思路,因此有强烈的怀疑和抵触。

中国提出"一带一路"倡议以后,日本在态度上有三派:一是反对派,二是消极观望派,三是积极加入派,积极加入派相对来说是最少的。但 2017 年汉堡 G20 峰会上,日本首相安倍晋三明确表达了日本想加入"一带一路"倡议的想法。目前的态势大家都了解,中日决定要建立官民协议会开展合作,探讨具体的合作项目。可以看出,日本的态度有了非常明显的转变,从消极观望到目前的消极参与。至于日本参与"一带一路"的动因,可能是两个:(1)"一带一路"本身显示出重大商机,对日本来说也是很大的机会。"一带一路"倡议出台 4 年多,互联互通已经初见成效,开展了一系列具体的合作,中国对"一带一路"沿线国家的直接投资超过了 5 000 亿美元。这个商机日本也是十分重视的。

(2)中日关系的持续改善,特别是在 2017 年中日邦交 45 周年以后,借着良好的政策气氛,李克强访日时就提出要推动中日关系重回正常轨道。从中日关系的发展来看,日本参与"一带一路"确实是顺应潮流。

再看一下目前中日合作的现状。关于日本加入亚投行的问题,日本一直没有明确表态。还有就是印太战略,根据日本外务省国际协力局公开的资料,日本印太战略包括了两洋(太平洋、印度洋)和两洲(亚洲、非洲),与中国的"一带一路"布局几乎完全重叠。根据日本政府文件的解读,日本从三个视角(地区安全、贸易投资、政治秩序)关注印太战略,要建立一个自由开放的地区政治秩序。从具体政策内容来看:(1)安全政策,日本在印太地区的战略目的是维持和加强在本地区的基于国际秩序的地区和平与繁荣,要加强美日澳印四国的合作。(2)经济政策,即要建立包括澳大利亚、印度、东盟、印度洋各国在内的战略性经济合作。(3)政治政策,从日本和美国的政府文件来看,印太战略在某种意义上旨在对抗中国,是日本限制中国在"一带一路"沿线进一步发展的对冲战略。因此,一个很重要的问题是:如何将印太战略和"一带一路"进行融合?而不是构成零和博弈。这需要高度的政治智慧,具体怎么落实是今后需要研究的课题。

第三部分,"中日韩+X"模式下的合作路径。对于"一带一路"的推进来说,李克强总理提出"中日韩+X"模式能在一定程度上起到积极推动的作用,有利于将印太战略和"一带一路"进行融合。其可行性体现如下:(1)通过"中日韩+X"模式也就是通过与第三方或者第四方进行合作,可以规避中日双方的直接竞争。(2)实现中日之间资源组合的最大化。(3)可以扩大合作规模效应。(4)中日韩推动 FTA(自由贸易区)和推动今后"一带一路"发展符合世界经济全球化的客观发展趋势。在具体的合作路径上,至少可以从以下五点来展开:(1)中国可以学习日本的经验,包括项目推进方式、推进规则等,完善"一带一路"方

探寻国际合作新机遇

面的制度设计。(2)中日两国在投资金融、人才培养等方面开展合作。(3)金融合作。中日已经重启了货币互换协议,中国还可以学习日本在世界银行和亚开行的运营管理经验。(4)基础设施方面的合作。(5)海上合作。比如说在反恐和海上搜救、海上生态环境治理等方面两国都可以进行合作。

第四部分,中日合作的前景分析。在对待"一带一路"方面,日本现在已经艰难地从口头走向了行动,从消极观望到目前参与,但是参与的程度还不是很大,力度还可以继续加强。关于未来日本参与"一带一路"建设,有三个问题需要关注。(1)时间性问题。现在中日在"一带一路"上的合作,到底是短期行为还是长期行为?这个需要观察。现在一些看法认为安倍首相因为想要继续长期执政,所以要打外交牌,增加支持率,可能是短期行为。但是从中日今后的发展来看,又应该是一个长期的政策。(2)如何将中日合作实现从数量到质量的转换。日本一直是注重高质量区域合作的,中日之间合作的数量固然应该进一步提高,但在质量上进一步加强合作方面,中国还是需要虚心地向日本请教。(3)目前中日在第三方的合作是技术性的合作还是战略性的合作?技术性的合作如高铁,中方生产、施工,日方提供金融贷款等,双方可以从中日互损的状态走向中日互赢。至于怎么样进行长期的战略性合作,即不仅中日双方得利,而且通过"一带一路"平台可以引导地区各国共赢共享中国发展的红利,这是一个值得探讨的问题。

第三分论坛

综述
"一带一路"国际合作与上海桥头堡建设

2018年5月14日下午,由上海社会科学院世界经济研究所承办的首届"一带一路"上海论坛第三分论坛"'一带一路'国际合作与上海桥头堡建设"在上海社科国际创新基地五楼举行。上海市社会科学界联合会主席王战研究员、上海社会科学院世界经济研究所副所长赵蓓文研究员、沈玉良研究员、经济研究所副所长沈桂龙研究员、上海市发展和改革委员会规划处吴新华副处长、上海社会科学院世界经济研究所苏宁副研究员、上海市人民政府发展研究中心开放处李锋处长、上海浦东新区商务委陆启星副主任、上海社会科学院世界经济研究所黎兵副研究员、意大利卢卡IMT高等研究院郎丹泽·尼古拉教授、上海市商务发展研究中心朱桦主任、上海国际广告展览有限公司周春湘项目总监、上海证券交易所研究员何勇研究员、泰国开泰银行开泰研究中心阿披南·李拉肖高级研究员、上海社会科学院世界经济研究所彭羽副研究员等数十位海内外专家学者出席本次分论坛。与会专家就"政策沟通与'一带一路'国际合作"和"贸易投资与'一带一路'企业国际合作"等主题进行了深入交流和讨论。

一、 政策沟通与"一带一路"国际合作

在推进我国与"一带一路"沿线国家的国际合作过程中,上海正在发挥其重要的桥梁作用。与会专家从上海的实践、丝路城市网络下的上海全球城市定位、上海的优势和突破口、上海自贸试验区制度平台、自由贸易港与中欧班列联动发展等角度,围绕政策沟通与"一带一路"国际合作进行主题发言。

在上海服务于"一带一路"国际合作的实践方面,上海市发展和改革委员会规划处吴新华副处长认为,在 2017 年发布的上海服务"一带一路"桥头堡方案中,对上海的功能定位是将其打造为服务"一带一路"创新发展的先行者,以及作为改革开放排头兵的新载体、新枢纽;实践中,上海从贸易投资便利化、金融开放合作、增强互联互通功能、科技创新活动、人文合作交流和智库建设等六个方面推进了上海服务于"一带一路"桥头堡的桥梁功能。下一步应着力解决制约市场主体开展双向投资、双向经贸的瓶颈性问题,更好地把市场在资源配置中的决定性作用和企业的主体作用发挥出来。

关于丝路城市网络下的上海全球城市定位方面,上海社会科学院世界经济研究所苏宁副研究员认为,丝路城市网络应该是上海全球城市建设的重要"朋友圈"和重要的拓展方向,上海应该成为丝路城市发展核心力量和发展模式引领者,为丝路城市发展提供综合解决方案,同时应与丝路城市共同提升全球城市网络地位,并通过上海城市的可持续发展为丝路城市提供一个绿色发展的样本。从丝路城市网络下提升上海全球城市功能的举措上看,应强化高水平投资贸易平台的服务功能,建设"丝路城市"先进生产者服务业(APS)集群,引领大都市连绵带整体参与"一带一路"合作,提供城市发展的"一揽子"解决方案。

在上海服务于"一带一路"国际合作的优势和突破口方面,上海市人民政府发展研究中心开放处李锋处长认为,"一带一路"建设涉及金融、经贸投资、基础设施等诸多领域,国内各省市参与"一带一路"建设面临巨大市场需求,由此需要高能级、具有较强辐射服务效应的枢纽节点城市来满足这些需求。与国内其他城市相比,上海在服务"一带一路"桥头堡上具备高端辐射优势、深度开放优势、人才高地优势等三个独特优势;应通过争取加快自由贸易港建设、充分发挥中国国际进口博览会辐射效应、探索建立"一带一路"债券市场、建设"一带一路"联合实验室、深化沪港合作服务企业"走出去"等措施,为上海服务于"一带一路"国际合作找到突破口。

围绕上海自贸试验区推进上海服务于"一带一路"国际合作方面,上海浦东新区商务委陆启星副主任认为,应重点通过推进贸易和投资规则的"引进来"和"走出去",建设上海自贸试验区服务"一带一路"市场主体桥头堡功能;尤其要制定自贸试验区商事类国际组织管理办法,为未来国家立法提供经验;开辟国际组织集聚区,鼓励国际组织在自贸试验区开展规则研究和制定活动;培养本土国际人才,鼓励国内人才积极参与国际规则的研究和制定活动;牵头建立商事类非政府国际性组织,组织"一带一路"国际贸易和投资规则的研究制定等方面,为贸易和投资规则的"引进来"和"走出去"改善环境。

关于自由贸易港与中欧班列联动发展方面,上海社会科学院世界经济研究所黎兵副研究员认为,作为全球资源要素配置的重要节点,上海自贸港建设的内涵之一就是要开行面向亚欧大陆的中欧班列、补齐海铁联运的短板、构建高效顺畅的多式联运体系;下一步应将海铁联运纳入上海自贸港建设范围,尽早开行从上海出发的中欧班列,建设陆海内外联动的国际中转枢纽港,并成立中欧班列运营平台公司。

关于"一带一路"与意大利企业的参与方面,意大利卢卡 IMT 高等研究院郎丹泽·尼古拉教授指出,"一带一路"是一个颇具远见的倡议,它有很大的政治和地理意义,并且对于国家竞争和发展都具有非常重要的影响。意大利的经济很大程度上是由中小型企业来支撑,"一带一路"给中小企业带来了新的发展机会,因此如何通过政策设计促进意大利中小企业参与"一带一路"显得尤为重要。

二、 贸易投资与"一带一路"企业国际合作

贸易投资领域是"一带一路"企业国际合作的重点领域,与会专家重点围绕国际进口博览会、国际展会、金融合作、中泰合作、自由贸易协定利用率等几个方面,就企业如何开展"一带一路"国际合作进行了深入探讨。

关于中国国际进口博览会与"一带一路"国际合作方面,上海市商务发展研究中心朱桦主任认为,中国国际进口博览会可以为"一带一路"国际合作提供新动能。具体来说:一方面,中国已经成为世界经济大国,中国在全球化的过程中付出很大,得益也很大。进口博览会将进一步开放中国市场,开放中国市场是中国履行国际责任和进一步开放承诺的具体表现,可以与其他国家共同分享中国发展的红利。同时,中国进口博览会将为"一带一路"沿线国家特有的商品、文化和服务进入中国市场带来新的渠道和新的平台。

关于国际展会在"一带一路"经贸合作中的作用方面,上海国际广告展览有限公司周春湘项目总监指出,国际展会平台不仅仅意味着展会的合作,同时也给中国企业与当地的一些政府机构和企业带来合作机会,中国产品通过国际展会进入"一带一路"国家后,相应的企业可能会设立组装公司,在这个过程中会推进中国制造业企业与当地制造业企业合作,提升他们的制造水平和装备水平。这与中国改革开放初期

的情况基本一致,当时中国的制造水平非常低,国外很多制造企业入驻中国以后,中国企业通过"干中学"得以成长。现在通过国际展会的平台,可以把中国的发展模式与这些"一带一路"国家企业分享,所以这并不是关起门来自己做生意,而是合作共享。

关于上海国际金融中心建设与"一带一路"国际金融合作方面,上海证券交易所何勇研究员认为,上海的金融市场规模很大,有 70 多万亿元的债市,30 多万亿元的股市,有巨大辐射的全球影响力和债券通、沪港通,上海的金融市场以后不仅仅是中国金融要素配置中心,也将是全球金融要素配置的枢纽。下一步上海可以利用金融市场,甚至建设一个新的金融市场,支持货币、证券、期货等金融产品,沿着"一带一路"流动起来,在上海形成一个高效率、低成本的优化配置机制,让各国企业都来上海做交易,推动上海成为"一带一路"金融资源的配置中心,从而使其成为实现上海服务"一带一路"桥头堡功能的重要内容之一。

关于"一带一路"倡议下的中泰国际合作方面,泰国开泰银行开泰研究中心阿披南·李拉肖高级研究员认为,"一带一路"将带来中国和泰国新的经济合作模式。与其他东盟国家相比,泰国的经济增长比较平稳且缓慢,泰国有必要采取一些措施来提高经济增长率。泰国的产业发展重点围绕智能电子设备、高附加值的旅游业、农业和生物科技、新能源、机器人等新兴产业。对中国企业而言,中国在泰国比较有投资前景的领域包括:基础设施、能源业(包括风能和太阳能)、通信设备(包括网络平台,以及网络基础设施)等,这些产业与"中国制造 2025"的政策导向是一致的,这会给中国和泰国之间的国际合作带来新的模式和产业互补。

关于企业对"一带一路"自贸协定的利用率方面,上海社会科学院世界经济研究所彭羽副研究员认为,我国已与"一带一路"沿线国家签署五个自由贸易协定,这给中国企业开展"一带一路"国际合作带来新

探寻国际合作新机遇

的贸易机会和贸易增长点。但目前上海企业对 FTA 的利用率总体偏低，这主要因为企业对 FTA 的认识、信息收集以及贸易战略规划的投入和准备方面都不充分，政府层面上缺少一个全国层面的"自贸协定利用综合服务平台"，为此可以借鉴韩国经验，构建上海自贸协定利用综合服务促进平台，整合现有与自贸协定利用有关的资源，从而帮助企业尤其是中小企业利用 FTA，进而大幅提升上海与"一带一路"沿线 FTA 伙伴国之间的投资贸易规模。

通过讨论，与会嘉宾初步形成如下共识：第一，上海在服务"一带一路"桥头堡功能推进上，围绕投资、贸易、金融等重点领域开展了国际合作，并取得了明显成效；第二，从微观企业层面看，"一带一路"倡议给中国与沿线国家企业都带来了新的商业机会，从而更多体现为互利共赢，不管是泰国还是意大利的参会嘉宾都表达了同样的观点；第三，从下一步继续推动中国与"一带一路"国际合作来看，需要在国际规则、政府公共服务平台以及政策配套体系等方面进一步优化与完善。

（彭羽供稿）

"一带一路"的上海实践

吴新华

上海市发展和改革委员会规划处副处长（主持工作）

前一段时间，上海制定了《上海市服务国家"一带一路"建设发挥桥头堡作用行动方案》（以下简称《桥头堡方案》）。今天，上海市发改委专门发布了《"一带一路"的建成和实践》宣传片，大家可以借这个片子了解上海在"一带一路"方面做了哪些事情。今天，我主要介绍一下上海关于下一步《桥头堡方案》的主要内容。

"一带一路"与上海的城市功能是高度相关的。上海本身就是国际化程度非常高的城市，以面向互利共赢、共建、共享为共同愿景，上海正在实施的自贸区、科创中心战略等都与"一带一路"高度相关、相辅相成。《桥头堡方案》里有一个功能定位，即认为上海打造的"一带一路"桥头堡是创新发展先行者、改革开放排头兵的新载体和新枢纽。为此，《桥头堡方案》提出了六方面的行动。

第一，关于贸易投资的便利化。我们提出至少要建设五大功能性平台：办好2018国际博览会、在外高桥建设"一带一路"的进口商品保税整治交易中心、建立"一带一路"综合性投资服务促进平台、建立"一带一路"基础贸易措施的企业服务平台、提升上海自贸区文化服务基地。在投资贸易领域,上海跟全国其他城市有点不一样,上海更多的是提供平台。别的城市在海外建了很多经贸园区,承担了很多的海外工程。上海的作用更多体现在价值链的高端,体现在并购、投资和提供平台标准化、便利化方面。

第二,关于金融开放合作。上海提出 2020 年要基本建成国际金融中心,"一带一路"与此高度相关。其中有几个核心的问题:(1)要拓展上海市场开放度。上海在全国是种类最齐全的金融市场,但是我们的开放度不够。今年我们要推出沪伦通。(2)要解决跨境资金汇兑的问题。上海现在已经在自贸区尝试人民币跨境支付系统 CPS,CPS 二期马上开始运行。将来随着人民币跨境需求的不断增长,上海在人民币服务方面的优势将得到进一步的发挥。(3)要全面对接企业的投融资需求。上海在这一块优势非常明显,但还应考虑更多。比如说,中国的企业在海外走出去后会形成很多的资产,但是中国现在并没有自己的不良资产管理公司。我们认为上海应该有这样的公司。中国没有自己的评级机构,我们认为随着"一带一路"的推出,上海也应该具有自己的评级机构。"一带一路"金融这一块是和上海金融中心建设高度相关的,相关的行动都已经由具体的委办和企业对接。

第三,增强互联互通功能。在硬件方面我们主要考虑拓展网络。现在如果要到哈萨克斯坦,需要的时间成本和资金成本非常高,所以上海鼓励建立直达"一带一路"相关国家的通航点。另外,洋山港也在考虑拓展国际航线航班资源,使得上海的航线航班直达"一带一路"国家。对上海来说,更重要的是指数和影响力。上海航空交易所正在打造叫作"一带一路"航贸指数的产品,希望将来"一带一路"贸易指数能够对全球的贸易市场产生影响。

第四,关于科技创新活动。上海提出要建设具有全球影响力的科创中心,而"一带一路"和科创中心是高度相关的。我们要建设"一带一路"的技术转移中心,要共建一批联合实验室,并希望以张江高科技园区为载体,与沿线国家和地区加强园区的合作。我们还希望加强综合性国家科学重要设施建设,推进大科学设施向沿线国家开放。如果我们将来要建立的设施是面向国际的开放平台,对于"一带一路"相关国家整体水平的提升就非常有意义,同时也对于我们自己打造科创中心具有重要的意义。

第五,加强人文合作交流。上海举办电影节,有诸多的美术馆、博物馆,我们都在里面不断引入"一带一路"的元素。考虑到上海培训做得特别好,在《桥头堡方案》里面,我们还设立了一个"一带一路"公务人员的培训工程。中国浦东干部学院、上海政法学院都有很多与"一带一路"相关国家的培训平台。东南亚很多国家的年轻人都愿意到上海进行留学、培训。我们还鼓励企业走出去,希望企业能够发挥市场主体的作用。政府的作用限于提供一些财政资金的补贴,更重要的是提高企业的能力。企业不仅要走出去,还要能活得下来。要活得下来,就要了解当地的情况。这方面,商务委的培训活动越做越受欢迎,全国各地过来培训超过了 15 000 人。

第六,智库建设。像上海社科院这样的机构不仅仅为上海服务,也应该为全国、为整个"一带一路"建设服务。在《桥头堡方案》里面我们有好几个智库平台:第一是国家级的信息数据库,第二是"一带一路"智库合作联盟,第三是上海全球治理与区域国别研究院,第四是中国城市治理模式研究院。最后一个旨在提升"一带一路"贸易投资规划研究服务能力。我们觉得上海的优势主要体现在治理服务、管理素质上,这方面是上海将来应该着力努力的方向。

以上是上海《桥头堡方案》的主要内容,我们正在通过年度计划的方式对以上内容进行落实,最近我们就制定了 2018 年的工作安排,把《桥头堡方案》里面的 60 条细化,具体到 2018 年能干到什么程度。将

探寻国际合作新机遇

来我们都是这个思路,把一个行动计划变成年度可操作的方案,逐步变成可推动的现实。

我赞成许多专家的意见,应该着重发挥市场决定资源配置的主体性作用,政府更多是搭台而不是强迫。我们还坚持问题导向,《桥头堡方案》还需要解决几个问题:(1)信息不对称的问题。很多人想到"一带一路"国家投资,或者"一带一路"国家想到上海、中国来投资,却对信息了解不全面,所以我们成立了综合性经贸投资促进服务平台来解决信息不对称的问题。(2)加快融资服务和资金跨境汇兑问题的解决。(3)解决风险组织和应对的问题。我们考虑推动设立"一带一路"金融资产公司,建立"一带一路"境外投资预警监测服务平台,还要进一步扩大出口信用保险覆盖面。(4)帮助企业提高能力,企业不仅是要"走出去",关键是要"活下来",所以我们要打造、升级跨国公司的培训工程。

中国开放的大门不会关闭,只会越开越大。我们会积极打开国门搞建设,促进"一带一路"国际合作。对于上海来说,我觉得这不是一时而是长远的事情,我们会把"一带一路"和上海的总体发展战略更好地结合在一起,更好地推进"十四五"规划制定,更好地推进上海在2035年建成具有全球影响力的"五个中心"和社会主义现代化国际大都市。

丝路城市网络与上海全球城市定位

苏　宁

上海社会科学院世界经济研究所副研究员

　　我今天汇报的题目是"丝路城市网络与上海全球城市定位"。主要有两方面内容：其一，关注丝路城市网络本身的问题；其二，上海全球城市如何推进。城市网络是把握"一带一路"发展中观层面的问题，需要深入研究。"一带一路"的整体推进，体现了全球化在世界岛腹地发展的趋势。对于国家来说，城市网络的组成体现了"一带一路"的进展，特别是全球化向世界岛腹地推进的空间支撑。中观层面来看，沿线城市组成的城市网络，也会成为"一带一路"在区域层面中的重要行为群体。对"一带一路"丝路城市网络的概念、标准、发展趋势进行分析，有助于我们了解：一是网络本身的发展趋势，二是上海作为卓越全球城市的网络作用。上海也是丝路网络城市当中的最重要的节点之一，它本身的发展、未来的依托和责任担当是怎么样的，都值得深入探讨。

　　关于丝路城市网络和上海的定位，我认为主要有三方面内容：一个是"是什么"，丝路城市网络发展状况是什么；一个是"做什么"，即城市网络的主要作用如何，有哪些需求；一个是"谁来做"，即上海作为全球城市，如何承担丝路城市网络的支点作用。

探寻国际合作新机遇

第一，丝路城市现在发展的状况是具有多样性的城市体系。这是丝路城市网络很特别的一个特点，城市的类型非常多样，30万人口以上城市有974个，100万人口以上城市有74个，非常多。跟西欧、北美城市相比，丝路城市有数量多、类型多的特点。同时，这些国家的发展城市化率低，城市发展水平有限，这也带来这些城市的发展潜力。这些城市对于区域发展的支撑作用也有重要的凸显。城市体系中，超大城市、特大城市、城市如何形成相对比较合理的金字塔型结构，也是重要的问题。

第二，丝路城市的概念。实际上，丝路城市有个历史意义上的概念，就是在丝绸之路形成过程当中的重要贸易枢纽和交通枢纽。而当代意义上的丝路城市应该是处于"一带一路"沿线国家和范围之内，具有战略影响力的枢纽城市，是一种要素流量节点和增长极。我们认为丝路城市的判定标准是门户和通商枢纽。丝路城市群体在全球城市网络当中的地位这些年得到了快速提升。2016年和2000年相比，中亚的高等级城市从一个上升为三个，2000年的时候能够进入世界城市网络的丝路城市只有49个，仅仅过了16年，这个城市群体就增加了81个，增长速度很快，成长率达到60%。这是在快速崛起过程当中的城市群体。但是有一个比较明显的问题，如果丝路城市在地图上以灯光形式标出来，海上的丝绸之路的城市比较密，比较成体系，但是陆上丝路城市就比较弱，呈现出"海强陆弱、边强核弱、南强北弱"状况。部分区域的城市是点状的，没有比较成熟的城市走廊。这是丝路城市网络现在面临比较大的问题。卫星图可以看出，欧亚大陆腹地城市不成带，对照欧洲、北美来说，后者的城市网络密集度比较高。

丝路城市发展到底有哪些重要的意义？可从三方面解读：城市、国家、地缘经济。（1）从城市角度，丝路城市网络应认为是世界城市网络新的板块，丝路城市网络可以形成新的增长级，新的板块，把原先的中心—边缘—半边缘这种格局进行新的调整,或者去边缘化,进而促进全球化、全球城市网络的发展。(2)它是沿线主要国家的增长级,相对来说,"一带一路"区域的城市都是相关国家发展的高地,在需求方面和发展动力方面,还有带动效应方面都有很多的作用。(3)特别有意义的一点在于,丝路城市是地缘经济新的发展区域。长期以来,我们看到要素的流动方向,主要围绕美欧日大三角,全球经济发展的力量对于大陆板块的腹地影响是有限的。"一带一路"的提出有助于沿线区域成为新的投资和经济要素流动方向,在这种情况下,"一带一路"的丝路城市能够发挥资金流动、要素流动的枢纽和集聚作用,对于全球经济的均衡发展有新的作用。

第三,丝路城市发展也面临很多的问题,可以用四个落差和四个问题来归纳。四个落差包括:(1)很多大城市有历史地位和现实作用的落差。(2)城市规模体量很大,但是功能作用比较弱的落差。(3)城市的发展,都是基于自身区域,但对于城市之间的网络作用发挥有限。(4)对外枢纽和内部治理的落差,很多城市对外枢纽作用强,但是对于国家本身的内部治理能力贡献有限。四个问题包括:很多城市面临低水平"过度城市化"问题、城市化水平差异问题、单一城市过度发展问题以及城市基础设施支撑能力非常有限的问题。如中亚部分城市的基础设施甚至几十年没有得到更新,这是特别重要的问题。

丝路城市主要需求:(1)资金需求,即如何跟现有的国际金融体系之间实现深度的互动,或者获得现有的资金支撑,如何获得新型金融主体的增量资金。(2)城市管理体系的需求,城市管理体系创新找不到抓手,城市运行找不到保障。(3)城市新技术应用能力的需求。第四,危机应对能力的需求。

上海提出迈向全球城市的目标,它在丝路城市网络的定位是怎么样的?我们看一下上海在全球城市发展中的排位,已经到了高无可高的阶段。2010 年大概在第 6、7 位,之后始终在这个位置徘徊。下一个阶段是全球城市 2.0 阶段,上海的全球城市发展需要寻找新的方向。我认为这就要解读"卓越的"全球城市的内涵是什么。首先,上海全球城市需要担当国家使命,原先的全球城市很多是飞地化的,现在要去飞地化。需要开放包容,还有发展模式的转换,寻求新的流量方向。这也是卓越全球城市需要关心的,摆脱对北方流量的依赖。全球城市崛起的依托,是利用国际经济格局重大变化,利用本国重大战略机遇,寻求大量的新兴城市伙伴。为什么说丝路城市跟上海未来发展有关系?就是因为上海是中国的全球城市,要体现中国在自身重大战略机遇当中的责任担当。"一带一路"是中国提出的、至少近 20 年当中最大的对外战略机遇,上海作为全球城市应成为中国开放新格局的桥头堡,中国开放有很多的方向,丝路城市网络应该是上海全球城市建设的主要"朋友圈"和主要拓展方向。

上海在推动自身融入全球城市发展当中的核心要点是什么?可归纳成"三个扇面"。第一个扇面是对接世界发达板块,这是我们原先取得重要成果的领域,需要继续保持。第二个扇面应该服务于"新开放前沿",上海应该服务于中国内陆,很多城市形成了新发展前沿模式,包括武汉、郑州,对于上海的对接和引领是有很多需求的,上海在引领海陆统筹、形成开放连绵带方面要有率先的新作用。第三个扇面,上海应该成为丝路城市发展的核心力量和发展模式引领者,为丝路城市发展提供综合解决方案,应与丝路城市共同提升全球城市网络地位,而其自身的可持续发展则应为丝路城市提供绿色发展的样本。

关于上海促进丝路城市网络建设的举措,《桥头堡方案》中提出的 60 项任务都是主要举措。总体上可归纳为四个方面:第一,应提升高水平投资贸易平台功能。第二,建设"丝路城市"的先进生产者服务业(APS)集群。比如说,服务于"一带一路"沿线城市的融资、管理、科技、会计、法律、设计产业集群能否在上海下一步全球城市建设中形成体系。第三,引领大都市连绵带整体参与"一带一路"合作,推动长三角、长江经济多层次集群式参与"一带一路"合作。第四,提供丝路城市发展的"一揽子"解决方案。中国城市的发展中有很多新城建设经验,港口、枢纽能够快速城市化,能够为城市化作出贡献,这是上海的企业"走出去",在"一带一路"投资的拓展方向,即提供城市发展"一揽子"解决方案,建设丝路的"新浦东"。这一对外开放的新合作形式,在上海全球城市的未来发展当中应充分考虑,成为新的抓手。

上海打造服务"一带一路"桥头堡的优势与突破口

李　锋

上海市人民政府发展研究中心开放处处长

我今天结合上海的情况谈两个主题:第一,上海打造"一带一路"桥头堡的优势是什么?该怎么定位?第二,对上海来说,还有哪些地方需要突破?

"一带一路"涉及的领域非常多:经贸、金融、基础设施、科技、人才。在国内来看,"一带一路"的经典城市有几十个,如广州、北京、西安等,对这些城市可以从不同的角度、功能做不同的排列。作为"桥头堡",上海的高端辐射优势十分突出。上海 2020 年基本要建成四个中心,形成科创中心的基本框架。从金融中心看,上海已初步建成由证券市场、货币市场、外汇市场、保险市场、期货市场等构成的较为健全的金融市场体系。2017 年金融市场交易总额达到 1 428. 44 万亿元。上海证券交易所总成交额 306. 39 万亿元,在全球位居前列。"一带一路"沿线国家在上海开设的金融机构越来越多,目前一共有 15 个"一带一路"沿线国家在上海开设银行,而且数量还在进一步增加。机场方面,上海已连续多年位居全球第三。去年浦东机场的客流量是 382 万,增长率

11％，很快会成为全球第二。另外，上海是中国开放度最高的城市，这也是上海服务"一带一路"的重要优势。截至2017年年底，在上海投资的国家和地区达到175个，跨国公司设立地区总部和研发中心数量全国最多。上海是我国除北京外设立驻华使领馆最多的城市，目前有76个国家和地区在沪设立领事馆。上海优秀归国人才占到全国的四分之一。

基于这些优势，上海打造服务"一带一路"桥头堡，应重点凸显四大功能：开放合作高地、资源配置平台、互联互通枢纽、集成服务中心。开放合作高地应成为各省市对接"一带一路"、开展高水平经贸、投资合作和人文交流的高地。资源配置平台应该成为服务"一带一路"的投融资平台、高技术和知识产权交易平台、高素质人才资源配置平台。互联互通枢纽应成为我国对接"一带一路"的海空枢纽和信息枢纽。集成服务中心则要打造围绕"一带一路"的金融、科技、信息、法律、人才中心等。

因此，对上海来说，打造桥头堡的突破口比较多，具体有几个：

第一，自贸港建设。尚不清楚自由贸易港什么时候落地，但上海应该积极争取推进，依托自贸港建设，在离岸贸易、航运物流、金融开放等方面实现高水平自由化，打造"一带一路"跨境投资中心和国际贸易枢纽平台，成为企业"走出去"的桥头堡。具体包括：(1)依托自由贸易港，打造"一带一路"转口贸易和离岸贸易枢纽，完善多式联运体系，增强转口贸易服务功能，提供高效的资金结算及贸易融资服务。(2)打造"一带一路"的跨境投融资中心。(3)吸引"一带一路"跨国企业总部集聚。(4)打造国际中转枢纽。

第二，发挥进口博览会的辐射效应。2018年11月，进口博览会将在上海举办，应该通过博览会在"一带一路"上做更多的文章，比如说加强宣传推介，吸引"一带一路"沿线国家高能级贸易投资主体参展。另外,要强化进口促进平台功能,推动更多"一带一路"贸易便利化措施落地。最后,要充分发挥关联带动效应,打造"一带一路"全方位、宽领域开放平台,打造"1+X"国际会展集群。

第三,探索建立"一带一路"债券市场。这几年上海在自贸区方面的探索比较多,下一步应该在探索的基础之上进一步发挥证券市场的功能,包括进一步推进"一带一路"试点,鼓励企业和相关机构在上海发行"一带一路"债券。另外要积极引入境外投资者,进一步壮大投资体,简化投资的手续。

第四,建设"一带一路"联合实验室。不少"一带一路"沿线国家如以色列、俄罗斯在特定的领域研发实力非常强,上海可以探索如何构建联合实验室的问题。联合实验室可以促进"一带一路"科创资源共享,推进上海科创中心建设。建议选择沿线具有较强科技实力的国家作为合作对象,合作重点应该是沿线有基础、上海有需求的重点项目和领域,如在电子信息、生物科技等领域与以色列开展合作。另外,还要推进科学设施向沿线国家开放共享,特别是像上海光源等。可以依托这些平台,吸引沿线的机构参与,开放共享生态圈。

第五,进一步深化沪港合作。上海与香港有很多类似之处,可以进一步推进金融、专业服务及信息共享等方面的紧密合作,共同打造成国内省市与"一带一路"沿线国家的超级联系人。具体包括:(1)加强金融合作,为"一带一路"建设提供多元化融资渠道。(2)加强"一带一路"经贸投资和专业服务合作。(3)建立"一带一路"信息共享机制。

上海自贸试验区服务"一带一路"市场主体桥头堡路径研究

陆启星

上海浦东新区商务委员会副主任

各位好,我今天仅就自己工作当中碰到的一些问题作一些探讨。

关于上海自贸试验区服务"一带一路"市场主体的主要内容,一是国际贸易,二是国际投资。从国际贸易的角度看,要做的事情很多,比如贸易便利化,认证认可,标准计量的融合和流通、共享,跨境电商的发展,"一带一路"商事纠纷解决机制建立方面等。在国际投资方面,应该是双向的,但我们作为"桥头堡",更主要的是强调中国企业"走出去",作为境外投资的桥头堡。从这个角度来讲,国际投资方面我们需要做这四件事:投资管理、投资服务、投资监管和投资保护。

到目前为止,我们已在几方面大致开展了一些工作。(1)自贸试验区国际贸易的单一窗口现在已经汇聚了 23 个政府部门的 9 大板块,几乎 100% 的船舶货物申报都在单一窗口上进行。(2)建立亚太示范电子口岸,让"一带一路"国家通过电子化的方式提高通关效益。(3)建设"一带一路"技术贸易措施企业服务中心,提供认可认证和计量标准,让"一带一路"国家相互认可。(4)自贸试验区境外投资管理制度改革,这

探寻国际合作新机遇

项工作非常重要,要比把外资引进来更重要。(5)"一带一路"境外投资服务联盟,里面提供金融服务、法律服务、咨询服务、项目管理等。

从桥头堡建设的路径来讲,规则的制定是"一带一路"建设的制高点。在最近的中美贸易摩擦当中,有一件事情非常有意思,即双方都在指责对方不遵守规则,这说明贸易规则制定的重要性。在规则制定中,要充分利用民非组织,不能老是政府冲在前面,要通过国际通行的对话方式进行规则的制定。具体来说,我们在参与国际规则制定中还存在一些问题:

第一,认知度不够。国家层面对国际条约的制定比较重视。但对于经济性的国际组织,我们的认知度比较低一点。比如说,ICC 国际商会专门有一个贸易委员会,该委员会全年天天商讨国际贸易当中出现的新问题,寻找新的解决方案。但这样的讨论场合没有中国人,不管是核心讨论还是旁听的都没有。这一方面也说明我们意识不强,另一方面也反映出我们民间力量还是不够,因为这是非政府组织代表之间的商讨。

第二,参与度不够。在国际商事规则制定当中,我们的参与度很低,跟我们现在的经济实力极端不匹配,其后果是对规则的理解不够。因为只有参与讨论才知道条款后面的真正含义,由于没有参与,我们的企业在实施过程中就不了解,容易在实际执行过程中出现偏差。到发生贸易纠纷需要仲裁的时候,没有一个中国籍的仲裁员,结果对企业的贸易、利益的保护非常不够。

第三,缺乏国际人才。我们有不少国际化人才,但熟悉贸易投资规则的人才极端缺乏,所以在规则面前屡屡吃亏。

第四,缺乏国际组织。以中国为基地的国际组织非常少,我们对国际组织的战略价值认识也不够,对国际组织的管理引进和法治架设也不够。比如说,我们引进了国际海事亚洲技术中心,它是总部在伦敦的国际海事组织(IMO)在全球五大洲设立的五个技术中心之一。但我们没有相关法律依据,在注册时把它认定为民办非政府组织机构。这反映出我们现在对国际组织认识不够,开放不够,甚至有抵触的情绪。国际商会(ICC)前年来注册的过程也很有意思,根据我们的注册规定一定要在"国际商会"的前面加上所属国,因为 ICC 的总部在法国,结果一注册就变成了"法国国际商会",结果搞得不伦不类。

我认为,在国际规则"引进来"的问题上,国际自贸试验区应该成为试验田。有人说"国际新的规则"使得我们怎么怎么样,但我不大愿意用"新"字,因为并不是国际规则变"新"了我们才不达标,而是我们要整个地与国际贸易和投资规则和标准接轨。这方面有很多教训,比方说仲裁,这是非常好的解决纠纷机制,但是我们的仲裁是不开放的。设在伦敦的国际海事仲裁员协会是承担全球海事仲裁最多的地方,承担了70%的仲裁。我两年前看到一个数据,当时有将近 200 亿美元的中国海事纠纷,而在 99.8%的仲裁案中,中国都是输的。我前年到伦敦专门拜访了国际海事仲裁员协会,问到底是什么原因? 对方说你们中国企业在签订合同的时候就输了。这说明了规则不对接的问题。与其让我们的企业在国际贸易航运当中承受损失,不如把这些规则引过来。通过引进国际规则,让我们的企业、人才进行国际对接,才能够更好地在国家经贸当中去展开竞争。新加坡的国际仲裁地位近年来为什么能够迅速上升? 就是因为它跟伦敦接轨,引进的人才都不一样。所以,我们要跟国际规则接轨,而这个规则并没有新旧之分。

另外,我们还要跟国际规则的理念接轨。我们的很多规则会跟国际规则发生碰撞,这时我们必须要用国际规则的理念来作为指导。对这点很多中国人并不理解,前年有人大代表提出议案,要求政府加强对快递业的监管。现在快递业很发达,在小区里设交投站,半夜里就开始工作,可能有点扰民。老百姓举报后,市场监督管理局说不是我审批的。所以人大代表就写议案,希望政府出台严格的审批标准。但十八届三中全会已强调,要以不审批为原则。这个快递方案反映的就是理念问题。在自贸试验区,我们应该运用国际规则的理念,通过利益相关方的协商机制来解决问题。

在为"引进来"和"走出去"改善环境方面,有以下几个路径:(1)要制定自贸试验区商事类国际组织管理办法。自贸试验区先行先试,做一些探索。这些组织进来时,我们经常要求它们采用办事处的形式,但结果很尴尬,不好去管理,管理水平也不够。(2)要开辟国际组织的集聚区。应该制定一些优惠的政策,大力引进商事类的国际组织,鼓励国际组织在试验区开展规则研究和制定活动。我们要通过民间的组织把"一带一路"国家串联起来,把标准制定出来。我一直主张,要把临港当作瑞士的日内瓦那样去开发,国际组织都集聚在那里,我们参与谈判就方便多了。(3)要培养本土的国际人才。我们老是把国外人才引进来,事实上如何让人才本地化是更重要的一件事。我们要鼓励国内的人才积极参与国际规则的制定,参与国际商事的调节和仲裁等活动。(4)牵头建立商事类非政府国际性组织,组织"一带一路"国家贸易和投资规则的研究制定。

"一带一路"桥头堡建设还需要开放的心态,我们很多问题就出在思想不解放。我们要避免两个倾向:一是特权心态。做企业就像做捕鼠器一样,西方的企业家一辈子致力于做全世界最好的捕鼠器,以便抓更多的老鼠;而我们的企业家往往是致力于获得捕鼠器的特权,在自己的房间里抓老鼠。二是不能学美国以本国利益最大化为目标,而是要实现互利共赢。我们要有开放包容的心态,跟"一带一路"国家在规则的制定上、制度的融通上进行相互协商,实现互利共赢。

上海国际金融中心建设与"一带一路"国际金融合作

何　勇

上海证券交易所研究员

去年下半年,我有幸参与撰写全国人大驻沪代表的调研报告,这个题目与今天的论坛主题非常契合,题目是《发挥上海桥头堡作用服务"一带一路"建设》,当时我负责金融部分。在这个过程中,我有一个深刻的感悟,那就是:上海发挥桥头堡作用,服务"一带一路"建设,要充分利用金融市场。具体而言,我想谈三点:

第一点,为什么上海发挥桥头堡作用服务"一带一路"建设要充分利用金融市场?

首先我们看一看上海金融的优势。金融是上海的优势,而金融市场是上海金融的优势,也就是说金融市场是上海的优势的优势。我们都说上海是金融中心,以前是远东的金融中心,现在在朝着比肩纽约、伦敦、东京的国际金融中心目标努力。但我们横向地看一看,上海金融的优势在哪里?从传统的银行业来看,北京坐拥一委一行两会、四大行的总部,以及很多银行的总部,而总部位于上海的银行只有交行、浦发、上海银行、上海农商行等少数几家银行,无论是资金规模,还是影响力,

探寻国际合作新机遇

都有很大差距。从未来的新兴金融行业来看,杭州有蚂蚁金服,深圳有微信支付,上海虽然也有一些新兴的金融企业,但是没有一家能与这两家相媲美。那么,上海金融的优势到底是什么,我认为是金融市场,那就是由银行间市场、外汇市场、上交所、中金所、上期所、黄金交易所、清算所等共同构成的金融市场体系。这是上海之外任何城市没有的优势。这应该是上海服务"一带一路"发挥桥头堡作用充分利用的宝贵资源。

第二个原因,"一带一路"覆盖众多国家,涉及基础设施、资源开发、产业合作和金融合作等多个领域,存在着巨大的融资需求,金融市场能带来新的资金增量,弥补现有的部分资金缺口。在最近几年里,亚投行、亚洲开发银行等国际金融机构对"一带一路"资金缺口进行过多次测算,虽然数字不尽相同,但总体处在万亿美元级别。在此次博鳌亚洲论坛上,央行前行长周小川同志认为,按照一定比例推算,"一带一路"全部覆盖区域中的基础设施投资缺口每年将超过 6 000 亿美元。目前,国开行等银行提供了大量资金,支持"一带一路"建设,但这些资金还不够。银行间市场、证券交易所等金融市场通过发行"一带一路"票据、"一带一路"债券、"一带一路"ABS(资产支持证券),为"一带一路"沿线的项目、企业以及企业向"一带一路"拓展提供支持。实际上,银行等间接融资属于风险规避型,而金融市场的直接融资,不仅融资成本更低,而且如果能提供股权融资,将有能力承担更大的风险,这也是"一带一路"迫切需要的。

第三个原因,上海的金融市场本身就是上海服务"一带一路"的重要组成部分,这些年上海的金融市场在"一带一路"建设中发挥了巨大的作用。自"一带一路"倡议提出以来,上海证券交易所、中国金融期货交易所、上海黄金交易所、上海期货交易所等金融机构通过交流、培训、收购股权、开发新产品等多种方式支持"一带一路"建设。2017 年 4

月,上海黄金交易所推出了以人民币计价的"上海金",并正式在迪拜挂牌以"上海金"为标的的黄金期货合约。近期,为响应"一带一路"倡议,上海期货交易所还在重点研发纸浆、天然气等"一带一路"沿线国家和地区特色资源的期货品种,等等。上海证券交易所、中国金融期货交易所也在"一带一路"沿线收购境外交易所的股权,提供"一带一路"债券,这我将在后面详细展开。

此外,金融市场还有一个特殊之处,那就是其作为一个平台,同时连接着三类群体,能引导分布在国内外的大量机构共同参与到"一带一路"建设中来。金融市场连接的三类群体包括投资者、融资者,以及围绕交易所存在的各类专业性中介机构群体。以上海证券交易所为例,其连接着上亿的投资者,成千上万的融资者,上百家证券公司和大量法律、会计等专业机构。金融市场作为资源要素配置的中心,具有极强的辐射能力和影响力,能带动投资者、融资者和中介机构们沿着"一带一路"开展国际合作。反过来讲,当交易所沿着"一带一路"向外发展的同时,其实也是给投资者、中介机构、融资者带来向外发展的机会。

第二点,上海应该如何利用金融市场发挥桥头堡作用服务"一带一路"建设?

一是形成体系。上海有这么多金融市场,但总体上呈现出的是多点开花。目前,上交所和中金所的步伐比较一致,因为两者的产品品种关联性强,且同属证监会管理。但其他交易所之间的步伐就没那么一致。有些是因为分属于不同的监管部门,有些是因为产品关联性不够强,甚至在一些领域还存在着竞争。"一带一路"存在着很多风险,其实很多交易所都有一起攻坚克难的需求。对于上海市政府而言,完全可以站位更超脱一点,引导这些上海的金融市场加强合作,让竞争少一点,合力多一些,努力构建出一个面向"一带一路"的多层次金融市场体系。

探寻国际合作新机遇

　　二是创新产品。金融市场支持"一带一路"归根到底要靠金融产品来实现。但是，金融行业的从业人员都知道，现在是监管大年，金融产品创新谈何容易。但是，我们想一想，如果缺少了创新产品，以金融市场现有的传统产品体系来支持"一带一路"，可以说空间十分有限。2017 年 7 月，全国金融工作会议通报中提到"推动'一带一路'金融创新"。实际上，一些金融市场已经准备了金融创新产品，如果上海能在自贸区设计一个风险可控的金融产品试验基地，将能大大激发金融市场服务"一带一路"的活力。我建议在上海自贸区建立一个金融市场面向"一带一路"的离岸人民币金融产品创新中心，在当前的环境下，这里面大有可为。如果我们在上海自贸区设计一个风险可控的金融产品的试验基地，小范围地测一测，可能大大激发金融市场的活力。

　　三是搭建平台。"一带一路"沿线国家有很多风险，金融市场对外拓展压力也很大，需要大量的信息和经验支持。虽然我们自己大多有研究中心或研究所，但信息很难全面，搭建一个平台很有必要。这个平台不仅汇集各方的信息、研究成果，而且大家能定期在一起交流实践经验，碰撞一些合作机会。我知道上海社科院也在建"一带一路"信息研究中心。这是很好的起点。其实，很多金融机构都有专门面向"一带一路"的业务部门，很多信息都是保密的，项目完成后的历史信息很少向社会公开，但这些信息很有价值。如果以上海市政府的名义，站在中立的角度，去掉一些涉密的环节，放在这个平台上交流，我想是有价值的。当然，关键是要设计一种机制，把上海服务"一带一路"重点金融市场的优势和经验提取出来，带动更多金融市场、金融机构的发展。此次首届"一带一路"上海论坛，能否作为一个起点，我很期待。我们希望金融市场能够互动，做点合作事情。

　　四是协同监管。金融行业是一个风险行业，金融市场也可以说是交易风险的市场。"一带一路"存在大量的风险，比如信用风险、主权风险、环境风险、金融风险等。虽然决定上海各大交易所监管的中心在北京,但我认为上海各大金融市场更加贴近市场,对市场的风险更敏感,可以发挥一线监管职能。上海市政府可以在其中引导各大交易所在监管上进行合作,尤其是在跨境监管上寻找一些合作机会,突破点可以选择信用风险。在商业上,很多人认可上海的,就是上海讲信用,不管是创业者、企业家,他们都说上海做生意合同只要一签了,他们肯定给我们做完的,上海"信用"这个金字招牌在全国很有影响力。如果从信用、风险领域出发,引导各大交易所建立一些风险监管的探索,尤其是跨境探索,这是上海金融市场沿着"一带一路"走出去的前提和保障。

上海的金融市场规模很大,70 多万亿元的债市、30 多万亿元的股市等,位居全球前列,有巨大的辐射全球的影响力。随着沪港通、债券通的开通,以及即将正式实施的 MSCI(摩根士丹利资本国际公司,Morgan Stanley Capital International)纳入 A 股和 CDR(中国存托凭证,Chinese Depository Receipt)的启动,上海的金融市场不仅是中国金融要素资源优化配置的中心,也正在成为全球金融要素优化配置的重要枢纽。坐拥这样的优质资源之上,上海服务"一带一路"建设大有可为,上海桥头堡作用的"金融市场"内涵完全可以深挖。上海可以充分利用金融市场,甚至建设新的金融市场,支持货币、证券、期货等金融产品沿着"一带一路"流动起来,在上海实现高效率、低成本的优化配置机制,让大家来上海做交易,推动上海成为"一带一路"金融资源的配置中心,这应该是上海桥头堡的组成部分。

第三点,上海证券交易所的基本情况和服务"一带一路"建设的实践,希望为大家带来一些启发。

上海证券交易所是我们国家资本市场的重要基础设施,1990 年设立,目前有四大产品:股票、股票衍生品、债券和基金。到 2017 年底,上交所股票市场的总市值约 33 万亿元,全年股票二级市场交易额约

探寻国际合作新机遇

51 万亿元,IPO 和再融资 7 500 多亿元。这些指标在世界交易所联合会排名中位居前列。到 2017 年年底,上交所挂牌的公司达到 1 396 家,今天我看了下,是 1 423 家,这些上市公司有一大批银行、建筑、工程、能源及交通运输行业的大型上市企业,它们在参与"一带一路"建设的作用非常突出。

上交所也是我国重要的债券市场。我们国家债券市场总规模大约 70 万亿元,2017 年上交所债券托管量超过 7.4 万亿元。去年发行各种债券 2.87 万亿元,其中 1.43 万亿元的公司债,8 800 亿元的地方债和 5 600 亿元的 ABS,即资产证券化产品。除了这些以外,还有双创债、绿色债、熊猫债,尤其是熊猫债和绿色债,是服务"一带一路"的重要品种。

"一带一路"重大倡议提出以来,上交所国际化战略的重心转向"一带一路"。这五年里,上海证券交易所的资本市场研究所对沿线几十个国家的经济、资本市场,尤其是各国交易所等信息进行了深入研究,对"一带一路"发行证券产品进行了前期研究,还对沪市上海公司服务"一带一路"进行了专题研究。上交所相关部门也对"一带一路"沿线数十个国家开展了实地调研,先后与沿线国家交易所等机构合办"中国—俄罗斯""中国—中亚""中国—爱尔兰"等资本市场合作论坛,搭建起交流平台,让大家共同探讨合作机遇。

这几年,上交所在一些时间节点取得了一些成绩:2015 年 11 月,与德国证券交易所、中国金融期货交易所合资成立的中欧国际交易所顺利开业。2016 年底,会同中国金融期货交易所、深圳证券交易所等共同收购巴基斯坦证券交易所 40% 股份。2017 年 3 月,支持俄罗斯铝业联合公司成功发行了首单"一带一路"熊猫债。2017 年 6 月,作为战略投资者参股哈萨克斯坦阿斯塔纳国际交易所。2017 年 10 月,正式发布了《上海证券交易所服务"一带一路"建设愿景和行动计划(2018—

2020 年)》,作为未来服务"一带一路"建设的纲领性文件和行动指南。2018 年 3 月 2 日,上交所启动了"一带一路"债券试点。我想强调的是,试点的"一带一路"债券包括:"一带一路"沿线国家(地区)政府类机构在本所发行的政府债券;"一带一路"沿线国家(地区)的企业及金融机构在本所发行的公司债券;境内外企业在本所发行的,募集资金用于"一带一路"建设的公司债券。并且,鼓励以"一带一路"债券为依托,发展"一带一路"绿色债券、"一带一路"可续期债券等债券品种。在启动"一带一路"债券试点的当天,首单"一带一路"资产支持专项计划获上交所审核通过,即"国金—金光'一带一路'资产支持专项计划",产品的发行总规模为 55 亿元,基础资产为分布于"一带一路"国内辐射区的金光纸业子公司的来料加工应收账款。

最近这两周又有两条新的消息,分别是:2018 年 4 月,阿联酋国际金融自由贸易区(ADGM)与上海证券交易所(SSE)签订谅解备忘录,双方将在阿布扎比全球市场(即 ADGM)成立交易所,与"一带一路"有关。2018 年 5 月,上海证券交易所和深交所,竞得东南亚交易所 25% 的股权。

最后,我还想说的是,金融是一个辅助性资源,"一带一路"建设归根到底要靠实体经济,要靠真正有价值的企业和项目来推动。万变不离其宗,上海利用金融市场服务"一带一路"建设要充分利用金融市场,但千万不要让资金在金融市场之间打转,使风险此起彼伏。金融市场要发挥自身优势,支持实实在在、有前途的实体合作项目,最好能实现人民币—项目—人民币循环机制,也为人民币国际化提供一些支持。

开泰银行助力中泰企业服务

［泰国］阿披南·李拉肖（Apinan Leelashaw）

泰国开泰研究中心高级研究员

我想讲一下泰国和中国的经济关系，以及"一带一路"对于我们新的合作方式有什么样的影响。

一、 泰中经济关系

泰国经济受三大要素驱动。第一是出口，由于全球经济的增长，预测今年泰国的出口可以增长 5％—8％。第二是旅游业，今年游客数量大约是 3 800 万。第三是公共投资，尤其是在东部经济走廊，投资对提升经济结构起了很大的作用。在这三大方面，中国都起了很大的作用。

自从有了东盟自由贸易区之后，泰国对外贸易增长了 12 倍。对中国的出口占我们整个出口的 12.5％，而进口比例中国占了 20％。在投资方面，中国是仅次于日本的第二大直接投资国，主要的投资分布在太阳能电池板、橡胶轮胎、金属制品、工程服务等。最大的贡献是中国游客，仍然是来泰国游客中最大的一部分。来泰国的中国游客大概增长了 12 倍，2008 年只有 100 万不到，现在大概有 1 000 万左右。

接下来我讲一下"一带一路"对于泰国的影响。从长远来说,"一带一路"会带来区域性的繁荣。当然,它首先对中国有直接的好处。一个是短期方面的好处,由于中国对泰国的直接投资,相关施工以及出口施工材料等都会直接给中国带来增长。二是远期的好处,即推动通过科技来驱动的产业的发展,比如说高铁。除直接好处外,"一带一路"还可以带来非直接性的好处,比如说在贸易、服务方面的好处。对于"一带一路"沿线的国家来说,随着中国提出"中国制造 2025"政策,它们都可以从中获得一定的好处。

在泰国,现在最主要的"一带一路"项目是高铁,从曼谷一直连到老挝,再到中国的云南,大概 2022 年可以竣工。我认为,在这些基础设施建设上投资可以和亚洲开发银行(ADB)的建设互相补充,软基础建设可以为硬基础建设进行补充。中国可以在此基础上发展成为一个大湄公河次区域(GMS)的物流中心。通过资产支持证券(ABS),我们非常鼓励在电子商务领域进行投资,中国的京东、阿里巴巴已经宣布对泰国进行投资,这也会对整个东盟国家的电子商务有促进作用。

二、 "一带一路"对中泰经济合作的影响

跟其他的国家比起来,泰国最近的经济一直比较平稳。我们的经济增长率只有 3%,而其他国家可以达到 5%,所以泰国也有必要采取一些措施提高我们的经济增长率。在泰国经济发展方面,有几个领域非常重要。一些领域已有一定基础,未来可以有新的发展,如下一代的机动车、智能电子设备、高价值的旅游业、农业和生物科技以及食品等。还有五个新的经济增长点现在还没有,但是以后要发展起来,它们是机器人、医疗中心、物流和航空、商务燃料和医药以及电子商品等。

有三个领域是中国可以进行投资的领域:第一是基础设施;第二

探寻国际合作新机遇

是能源业——这也是中国比较有实力的领域,包括风能和太阳能;第三是通信设备,包括网络平台以及网络基础设施。"一带一路"与"中国制造2025"政策是相辅相成的,随着中国提升这些产业,会在中国和泰国之间产生新的合作模式。

有三个领域是中国比较有实力、可以引入到泰国的:第一个领域是数字经济,包括比较著名的深圳智能城市;第二是高价值的旅游业,包括中国发展比较好的游艇业;第三是物流,比如我们在郑州有一个物流枢纽。

还有三个领域需要等我们发展好基础设施之后,在未来可以发展:第一是未来的汽车,包括电动汽车;第二是机器人;第三是医疗业,比如说中国对老年人的医疗旅游。

在中国"一带一路"倡议的指导下,未来肯定会有很多的合作,我们的责任之一就是要帮助实体经济,帮助中国企业走出去,如到泰国。在这个过程中,不管是建设基础设施,还是开展国际贸易,都会碰到不同的经济体系、法律体系,还有金融方面一些做法的差异。为了推进在泰国的"一带一路"项目建设,希望我们开泰银行成为一个沟通环节,可以跟大家多多交流。

第四分论坛

综述
"一带一路"与四航协同发展

  2018 年 5 月 14 日下午,由上海社会科学院联合国项目办公室承办的首届"一带一路"上海论坛第四分论坛"'一带一路'与四航协同发展"(此处"四航"是指民航、航天、航空、航海)在上海社科国际创新基地五楼举行,主题是"基于四航协同的'一带一路'公共空间信息走廊的建设"。论坛由 TTMission 智库主席周恒熠主持,上海社会科学院联合国项目办公室主任、联合国工业发展组织上海全球科技创新中心主任王根祥致辞;中国航天科技集团总经济师、中国航天基金会副理事长齐国生,上海交大航天和航空学院院长、"千人计划"教授吴树范,上海航天 804 所博士、T 星座副总工程师李洪星,航迅信息技术有限公司副总裁陶伟,中国民航报社国际部主任张詠,上海社科院世界经济研究所副研究员周琢,浙大求是驿站负责人谢瑀分别发表演讲;金卫医保信息管理(中国)有限公司 CEO 丁伟中、上海浦东商务委副主任董晓玲、上海颜菲投资有限公司 CEO 韦家振出席了会议并进行了发言。

探寻国际合作新机遇

一、四航协同发展促进"一带一路"公共空间信息走廊建设

与会专家首先回顾了四航协同发展与"一带一路"公共空间信息走廊建设的关系,然后就"一带一路"与四航协同发展现状和愿景进行深入讨论,并发表建言。

2015年,国务院发布了《2016年航天白皮书》(以下简称《白皮书》),按照推进"一带一路"的构想,中国航天将综合利用信息、遥感、导航等信息优势加快建设,并推动系统建设与示范应用。在"一带一路"沿线国家,既有太空技术好的国家,也有相对落后的国家,《白皮书》强调,要对"一带一路"沿线国家的商业需求、发展需求、供应产品需求和科学探索需求进行对接,深入结合区域特点、产业差异,开展真正国际化的产城融合,和拥有太空技术的国家进行优势互补,互相学习,开展合作,在推升技术进步的同时加大国际化发展;对太空技术比较薄弱的国家,为其在国土资源、防震减灾、环境保护、水利交通等领域提供服务。

2016年底,中国国家航天局与发展改革委员会联合印发了《关于推进"一带一路"空间信息走廊建设与应用的指导意见》,中国航天技术及服务加速开放共享,惠及沿线国家经济社会发展,增进民心相通和人文交流,成为"一带一路"建设新亮点。

空间信息走廊是在"互联网+空间信息"的服务模式下,以实现空间信息综合集成应用服务为目的,为实施"一带一路"战略进行空间信息服务的综合性工程。该工程为"一带一路"资源信息、文化传播信息、公益安全信息等的互联互通提供了天地一体、合作共赢、安全可靠的信息通道。

中国航天目前已经具备了全产业产品和服务的能力,我国推动"一带一路"建设成为加强沿线国家和地区合作的契机,中国航天要更加牢靠地把握这一机遇,着眼于国际航天的发展,面向应用,创造经济效益,积极推进商业航天的发展。

二、 "一带一路"与四航协同发展前景广阔

王根祥在致辞中指出,"'一带一路'与四航协同发展"分论坛是响应习近平主席提出的"'一带一路'要和相关地区经济发展结合起来"的号召,为推动空间产业发展市场化、国际化,有效地推进国家"一带一路"建设工作而作出的努力,具有重要意义。王根祥介绍,为了贯彻联合国 2030 年可持续发展目标,特别是第九目标即促进具有包容性发展,联合国与中国政府签约,将联合国工业发展组织全球创新网络总部落户中国上海,成立联合国工业发展组织上海全球科技创新中心。上海全球科技创新中心经过一年多的努力,目前初步构建了五大平台,包括:全球科技创新国际合作平台、智力资源平台、产业发展平台、金融支撑平台、公共技术服务平台等。目前已在建设的产业示范中心包括清洁能源示范中心、数据存储示范中心、石墨烯产业示范中心、智慧物联网示范中心等。王根祥表示,上海全球创新中心坚持合作、共赢、共享的理念,会在"一带一路"沿线国家推动四航协同发展。

齐国生以《牢牢把握"一带一路"战略机遇》为题发表了演讲。他指出,"一带一路"倡议,得到了国际社会的高度关注,也成为我国对外开放重大发展战略之一。在"一带一路"倡议指导下,中国航天国际合作之路前景广阔。中国航天基金会大力支持中国航天参与国家"一带一路"建设,中国航天基金会将充分依靠中国与有关国家既有的多边机制和行之有效的合作平台,积极发展与沿线国家的经济合作伙伴关

系,共同打造政治互信、经济融合、文化包容的命运共同体和经济共同体。

吴树范就商业航天和四航协同发展之间的关联和现状发表了演讲。他分析了国际航天领域的现状:一方面高精度的卫星不断地更新,另一方面微纳卫星在高速发展。微纳卫星能够提供低成本、近实时更新的大数据,可以不断地产生经济效应,这正在改变整个太空经济的布局。微纳卫星可以探索宇宙和深空,还给"一带一路"沿线国家创造了合作机会,给企业以商业回报,这就使得卫星的应用向纵深化发展。

张詠介绍了民航局在"一带一路"大框架之下的战略和愿景,她指出,民航具有独特优势,在推进"一带一路"建设中扮演着十分重要的角色,可以发挥先行军和排头兵的作用,发挥桥梁和纽带作用,发挥区域产业转型升级和提质增效的驱动和拉动作用。中国民航在"空中丝路"建设中,将着力于从基础设施、便捷运输、航空安全和专业人才方面出发,全面地完善"空中丝路"建设及其管理与发展体系,为国家"一带一路"建设做出重大贡献。

周琢分析了"一带一路"倡议实施以来,以航空运输为主的跨国人流的变化。他指出,2017 年从沿线国家来的人有一定的上升趋势:东南亚国家、南亚国家、东欧、中东、北非、中亚这些国家属于热点地区。周琢认为,通过一些数字看到人流的变化,因为人流的变化会带来经济上的变化。他希望,通过一些数字上的变化来为"一带一路"进一步的实施提供一些建议。

四航协同发展离不开相关产品与平台的建设,李洪星介绍了 T 星座。T 星座携带两个载荷,一个看全球船的航行状态,一个看飞机的航行状态,其核心概念就是实行空管结合。这两个星载的功能和 ADS(美国存托股份)有利于提高民航和航海安全,同时提高这些大数据分析的效率。陶伟介绍了航迅公司,该公司主要是从事航空的通信技术产品的研发以及解决方案的集成,拥有专业知识产权 71 项,在成都建有软件研发中心,在上海的产品研发和测试分支机构是民航局民航航班广域监视和安全管控重点实验室的承建单位之一。谢瑀介绍了浙大求是驿站,其驿站的主要功能是把海外的信息反馈到国内,汇聚资源做"一带一路"服务的综合体,包括大服务机构的输出、丝路航空联盟的商旅服务平台、中小企业服务平台、自贸区的跨境电商服务等。

本论坛旨在促进"一带一路"与四航协同发展,为进一步发挥我国空间技术资源优势,推动空间信息产业的市场化和国际化发展,有效推进国家"一带一路"建设工作出谋划策。通过认真深入的讨论,本分论坛基本达到了这一目的。

(上海社会科学院联合国项目办公室供稿)

中国航天发展与"一带一路"倡议

齐国生

中国航天科技集团总经济师、中国航天基金会副理事长

我发言分几部分。

第一,2013 年 9 月、10 月国家主席习近平在出访哈萨克斯坦和印度尼西亚时,先后提出的创建丝绸之路经济带和 21 世纪海上丝绸之路重大倡议,得到了国际社会的高度关注。作为我国对外开放重大发展战略之一,"一带一路"东联亚太经济圈,西接欧洲经济圈,给传统的欧亚经济注入了新的活力,正逐步成为世界上最美丽的经济走廊。"一带一路"倡议提出的这五年,国际知晓度不断上升,"一带一路"建设的进度和成果也超出预期。2017 年 5 月 1 600 多名代表来华出席首届"一带一路"国际合作高峰论坛,成为"一带一路"国际合作进程中的里程碑。在论坛上,习近平主席强调,在"一带一路"建设国际合作框架内各方秉持共商共建共享原则,实现共赢共享发展,截止到目前全球有 100 多个国家和国际组织积极表态支持"一带一路",80 多个国家和国际组织同中国签署了"一带一路"合作协议。

航天产业是高技术和先进技术密集型的企业,依然是全球经济增长的新引擎,世界各国也都高度重视支持航天产业发展,将其确立为

优先发展的产业之一,从政策和资源方面给予高度支持和高规格支持。经过 60 年的建设发展,中国航天建立了完整、先进的生产体系,取得了一批举世瞩目的科技创新成果,积累了大量的技术能力,给我国的航天技术带来了长足的发展和进步。特别是卫星研制的应用能力已经步入世界前列,长征系列火箭已经形成了 17 个型号。2016 年 11 月长征五号火箭的成功发射,使我国迈入了利用大型运载火箭的行列。与此同时,我国也具备了成功发射试验卫星、东方红卫星、风云气象卫星等 7 个卫星系列的能力。其中风云卫星被世界气象组织列入国际气象业务系列,北斗导航系统已成为国际导航系统委员会认可的四大导航系统之一。另外,我国在微小卫星、深空探测等不同领域也有很多的推进,进一步夯实了我国太空技术的基础。

中国航天目前已经具备了全产业产品和服务的能力,恰逢我国推动"一带一路"国家和地区合作这一契机,中国航天要更加牢固地把握这一机遇,着眼于国际航天的发展,面向应用,创造经济效益,积极推进商业航天的发展。2015 年国务院发布了《2016 年航天白皮书》,按照"一带一路"倡议的构想,中国航天将综合利用信息、遥感、导航等优势,加快建设,推动系统建设与示范应用。"一带一路"沿线国家太空发展水平参差不齐,既有太空技术好的国家,也有不太好的国家。根据这些情况,我们将对接商业需求、发展需求、供应产品需求和科学探索需求,不断深入结合区域特点、产业差异,开展真正国际化的产城融合。对拥有太空技术的国家,我们要优势互补,互相学习,开展合作,在提升技术进步的同时加大国际化发展。对太空自身技术比较薄弱的国家,我们将为其在国土资源、防震减灾、环境保护、水利交通等领域提供服务。前几天是汶川地震十周年,以前没有卫星预警技术,现在可以通过卫星为地震预警提供一定的支撑。在水利、交通运输、教育、医疗等方面,遥感卫星也可以提供相应的支持。北京万达广场就利用了卫星导航

探寻国际合作新机遇

技术,在购物的车流和人流状况方面都能获得数据支撑。

第二,中国航天参与"一带一路"展望。

在"一带一路"走出去倡议指导下,中国航天国际合作之路前景广阔。结合沿线国家的航天发展阶段,中国航天将会跨越经济、民俗等多重障碍,在多层次、多领域开展合作。从目前和航天相关的高新技术产业来看,数字广播电视、物联网、智慧城市、智能交通、远程通信等已经成为高技术增长点。比如说,南航的电缆过去几千千米都是靠人来步量,现在利用航天和无人机的技术,可以用遥感器对几千千米范围的电缆等情况做出掌握。近年来,高空专项、载人航天等重大科技工程硕果累累,中国的遥感、导航和通信卫星等先进技术排在国际前列,已经具备支持"一带一路"空间型走廊的技术基础。未来中国航天如何在"一带一路"方面开展大国作为,应该在以下六个方面进行布局。

一是要全面将中国航天纳入"一带一路",充分认识中国航天在建立信息基础设施方面的大国影响。加快推进"一带一路",积极做好中国航天参与"一带一路"战略的总体规划、中期规划和近期规划,做好重点规划和人才培养。

二是要把握战略机遇,加快我国由航天大国向航天强国转变。为此,一方面中国航天要以航天技术产品为要素,打开沿线国家的市场,另一方面还要通过在推广技术、产品的同时,不断强化我国制定航天领域标准的作用,在走出去的同时积极引进来,与周边国家互通有无,取长补短,形成从国家能力、产业上都相互依存的共同体。

三是充分发挥政府及军方有关单位的政策引领,制定相关条例、法律,保障航天的国际合作、产品出口,切实推进相关重点项目。

四是要与航天产业合作,推进多方面的合作。从科技合作角度来说,可以通过系统合作、示范应用等在航天、地面设备及产业联合、技术联合等方面深入调研和参与,开展相关应用工作,促使中国航天技术惠及各个国家的社会、经济和民生。通过科技合作,可以促进与周边国家的政治互信、睦邻友好,增强我国外交软实力,实现西进北下南拓,树立我国新型大国的形象。

五是加快向国际市场迈进,保证中国航天走向世界,不保守,不固步自封,积极争取获得国外航天领域订单,打造属于我国的航天品牌。在国际市场出口我国产品时,应不限于单一的产品,力争提供系统性和综合解决方案,做先进方案和综合服务的提供商,整合产业链上下游,继续加大国际合作力度,确定重点合作领域,拓展合作范围。要整合资源为我所用,要分担成果,降低风险,建设遥感卫星、通信卫星、卫星平台以及国际合作平台,积极抢占广阔的新兴国家市场。

六是在合作的同时,中国航天需要从地球村的角度统筹考虑"一带一路"的生态,增强在我国粮食与食品安全、战略枢纽畅通、战略预警等方面的投入,并向"一带一路"沿线国家辐射。同时推动与"一带一路"沿线国家合作建设重大航天工程,关注区域化优势和差异化特点,以保证经济效应和生态环境的有机融合。

为了落实"一带一路"倡议,响应航天强国号召,中国航天基金会将大力支持中国航天参与国家"一带一路"倡议。基于"一带一路"的国际合作理念,加强与"一带一路"沿线国家的合作交流,通过多种方式推动与相关地区和国家间的交流,实现中国航天与经济社会全球化的无缝链接。此外,中国航天基金会将充分依靠中国与有关国家的既有多边机制和目前行之有效的合作平台,积极发展与沿线国家的经济合作伙伴关系,共同打造政治互信、经济融合、文化包容的命运共同体和经济共同体。具体做法包括:

一是对中国航天参与"一带一路"项目设立专项支持基金,重点是航天领域的产业合作和金融合作。

二是积极开展与各国航天基金会和航天协会的合作。根据"一带

探寻国际合作新机遇

一路"沿线国家资源、技术等的禀赋不同确定支持的重心和方向,推动"一带一路"的产业链布局,提升航天经济走出去的水平。

三是积极探索与"一带一路"沿线各国政府的合作模式。中国航天基金会将在未来继续加强国际合作,促进中国航天与周边沿线国家的交流,推动航天技术的成果转化和技术转化,引导产业进一步创新、转型、升级,实现中国航天与"一带一路"的深度融合。

从数据看"一带一路"的人员流动

周 琢

上海社会科学院世界经济研究所副研究员

非常感谢给我这个机会,我给大家报告一下"一带一路"人员流动情况。这个报告是由我和我院"一带一路"信息研究中心副主任施楠博士一起完成的。很多报告关注投资流、贸易流,但是我们发现很少有报告对于国与国之间的人员流动进行相关研究。国际间的人员流动很重要,它关系到创新、贸易和投资。我们很难想象:如果人员不流动的话,相关的经济活动如何会产生。考虑到这样的情况,我们希望通过一些数据来看一看"一带一路"倡议实施以来人员的国际流动是不是有一些新的变化。目前呈现在大家面前的这个报告只是一个总体报告,之后我们会有一系列的报告呈现给大家。比如说关于城市的报告,聚焦"一带一路"节点城市或者是中心城市的人员流动。我们还会做国内区域对接"一带一路"的报告,并分析国际关系、双边战略关系会不会影响到人流的互联互通等。

今天先就总体情况作一个简单的汇报。我从点、线、面三个层次来分析。什么叫点、线、面?"点"就是人员流动的节点城市,"线"就是人员流动的重要纽带,"面"就是人员流动的热点地区。

探寻国际合作新机遇

先看一下总体情况。2017 年中国出发到世界各地的人员数为 3 615 万人次,其中"一带一路"沿线国家 1 331 万人次,占 36.8%,非沿线国家 2 284 万人次,占 63.2%。世界各地到达中国的人员数为 3 591 万人次,其中沿线国家 1 322 万人,非沿线国家 2 269 万人。

当然还是去非"一带一路"国家的比例略高,占到 2/3 多一点。自 2013 年"一带一路"倡议实施以来,我们可以看到去"一带一路"国家人数的四年累计增幅为 31%,增长最快的是 2013 年,达到 14.9%。从中国出发去非沿线国家的人数,基本上保持在比较平稳的状态,2017 年同比略微有一点下降,下降幅度为 0.6%。随着倡议不断的深入和合作不断的加深,我们将会看到去沿线国家的人数继续不断上升。

接下来再看一下从沿线国家到中国的人数情况。"一带一路"倡议提出以来,世界各地到达中国的人员人数逐年递增。2013 年世界各地到达中国的人员人数约为 2 680 万人次,到 2017 年已经增长至 3 592 万人次,累计增幅达 34%。其中增速最快的是 2013 年,达到 13.3%。相对而言,从沿线国家来的人呈一定的上升趋势,但是非沿线国家的人数变化就比较小。

中国与哪些地区之间的人员流动比较多?"一带一路"沿线国家是中国人员出行的主要热点地区,排名前 30 位的中国人员出行目的地中有 17 个是沿线国家。热点地区主要包括大部分东南亚国家(泰国、新加坡、马来西亚、越南、印度尼西亚、菲律宾、柬埔寨和缅甸)、南亚国家(印度、巴基斯坦、马尔代夫和斯里兰卡)、东欧(俄罗斯)、中东北非(阿联酋、埃及和伊朗)以及中亚(哈萨克斯坦)。非沿线的热点国家和地区主要是日本、美国、韩国等地。2017 年与中国人员流动最密切的是日本,其次是泰国,接下来是美国。从绝对量来说,人员流动的主体还是非沿线国家,但是从增速来看,沿线国家增长很快,比如说 2017 年,去捷克、柬埔寨、菲律宾、越南的人员增长非常快,都高于 30%。

　　总体来看,2017 年中国人员前往的热点目的地中增速较快的主要为东南亚国家。其他地区中,捷克很突出。随着近年来中捷对双方关系的高度重视,捷克成为 2017 年中国人员前往的热点目的地中增速最快的,达 52%。巴基斯坦和以色列增速也较快,分别为 29.2% 和27.2%。非沿线国家作为中国人员目的地,总体增速不及沿线国家,其中增速较快的地区主要是欧洲国家、加拿大、澳大利亚等。受"萨德"危机等一系列因素影响,前往韩国的人员在 2017 年减少 25.1%。前来中国人员较多的也主要是"一带一路"沿线国家。在 2017 年来中国人数排名前 30 位的国家中,有 16 个是沿线国家。热点来源地区分布与热点目的地地区分布基本相同。

　　节点城市。"一带一路"人员互联互通中,国内的节点城市主要为上海、北京、广东、成都和深圳,沿线国家主要节点城市包括曼谷、新加坡、吉隆坡、巴厘岛、胡志明市、马尼拉、莫斯科、迪拜、金边和马累。目前,国内接待的沿线国家人员还少于非沿线国家人员。2017 年到达上海的人员达到 1 554 万人次,其中 403 万人次来自"一带一路"沿线国家。其次是北京,2017 年到达北京的人员总数为 1 051 万人次,其中沿线国家 344 万人次。广东、成都和深圳分别接待沿线国家人员 340 万、125 万和 88 万人次。从各节点城市来访人员增速来看,沿线国家到达各节点城市的人员增速快过非沿线国家。节点城市中接待沿线国家人员增速最快的是深圳,2017 年增速达 52.2%,其次是广东,达到21%,北京、上海和成都分别为 12.3%、11.2% 和 8.9%。

　　重要纽带与热点地区。什么叫重要纽带? 就是国际城市之间人员流动的分布情况。从 2017 年中国一线城市与东南亚地区城市人员流动数量分析来看,上海—新加坡和上海—曼谷是中国与东南亚地区最重要的人员往来城市纽带,往返人员流量均超过 110 万人次。北京—新加坡、北京—曼谷、北京—吉隆坡、广州—新加坡和广州—曼谷也较为重要,往返人员流量均超过 50 万人次。从区域来看,在东南亚地区,北京—新加坡、北京—曼谷、北京—吉隆坡相对重要,上海—新加坡、上海—曼谷也是中国与东南亚地区联系比较重要的城市纽带。在南亚地区,人员往来的纽带集中在北上广与科伦坡之间。在中亚地区,主要的纽带是北京—塔什干。在西亚地区,主要集中在迪拜与北京、上海和广州之间。在中东欧地区,主要纽带有北京—布拉格、上海—布拉格、北京—华沙、北京—布达佩斯等。在不同的地区,人员往来的层级是不一样的,如对南亚来说,重要纽带的人员规模大概只有 10 万人次,但是在东南亚往往达到 100 万人次的量级。

通过数字可以看到"一带一路"国家间人员流动的变化,而国际人员流动的变化会带来政治、经济、文化、社会上的变化,我们的报告就旨在展示这一变化,最后为"一带一路"进一步的实施提供建议。

第五分论坛

综述
强化智力支撑，建设"一带一路"智库平台

2018年5月14日下午,由上海社会科学院智库研究中心承办的首届"一带一路"上海论坛第五分论坛"智库对'一带一路'建设的功能发挥"在上海社科国际创新基地五楼举行。该分论坛就"联合国海陆丝绸之路城市联盟智库专委会建设"以及"智库如何服务'一带一路'",进行了热烈讨论。

随着"一带一路"倡议的逐步深入实施,智库的保驾护航作用日益突显。为服务"一带一路"建设,上海社科院拟牵头,在联合国框架下设立"联合国海陆丝绸之路城市联盟智库专委会"。"城市联盟"成立于2015年,是"联合国海陆丝绸之路项目"的重要组成部分。目前共有37个会员,29个是城市会员,8个是机构会员,其中多数来自国外。成立"智库专委会",目的就是要为"一带一路"建设提供智库这样的研究交流平台。

与会专家认为,"智库专委会"应发挥多重作用。首先,应代表中国在世界上发声。论坛主持人中联部当代世界研究中心主任、"一带一路"智库合作联盟秘书长金鑫指出,"一带一路"倡议提出已有五年,下一步"一带一路"建设要精耕细作,这就需要智库提供精准的研究作为支撑。面对当前国际社会上一些不友好的质疑声音,中国智库要形散

探寻国际合作新机遇

神聚，据理发声，正面引导国际舆论，为"一带一路"建设营造良好的舆论氛围。习近平总书记在博鳌论坛提出，要把"一带一路"打造成最广泛的国际合作产品。这需要得到最广泛的国际支持，需要用好联合国这个多边大平台，目前中国在联合国获得地位的非政府组织并不多，"联合国海陆丝绸之路城市联盟"意义重大。由上海社科院牵头在城市联盟下设"智库专委会"可以借助联盟的既有平台，充分利用沿线国家、城市的智库和专家资源，重点关注城市合作发展，开展专、精、特研究。同时，金鑫主任还专门介绍了"一带一路"智库合作联盟的发展情况和研究成果，表示愿意与上海社科院加强合作，通过联合开展智库培训，培养专优兼通的智库队伍，支持建立"联合国海上丝绸之路城市联盟智库专委会"，并建议尽快完善章程，积极开展外宣，成为"一带一路"推进中国际化的智库共同体。

其次，应突显平台和纽带作用。上海市第十届政协副主席、上海社会科学院智库研究中心名誉理事长王荣华认为，智库是"一带一路"建设的"第六通"，应当充分发挥民间外交作用。然而，目前智库对"一带一路"的研究仍然相对分散，并没有形成合力，有的问题一哄而上，低水平重复建设，大家都在争话语权，难点问题少有问津。当前"一带一路"的研究已经落后于"一带一路"建设的推进，智库的战略性、前瞻性、预判性的作用尚未能真正激发出来。王荣华建议，设立"联合国海陆丝绸之路城市联盟"智库专委会，要体现"多方参与、共建共享"的理念，着力发挥平台与枢纽的广泛联系作用。

上海社科院智库研究中心理事长兼主任黄仁伟在致辞中指出，目前中国以"一带一路"命名的智库有200多家，但真正钻进去深入研究"一带一路"的并不多，专业人才有所欠缺。由智库中心牵头，与"联合国海陆丝绸之路城市联盟"合作成立"智库专委会"，就是要在当前开展较多的"一带一路"研究"写意画"的情况下，关注具体细节，将重点放在更加细腻严谨的"工笔画"上,将"一带一路"研究落到实处,落到具体的沿线城市。除了开展针对性研究外,还要做好"一带一路"议题智库排名的基础研究,搭建沿线国家和城市间沟通的桥梁纽带,真正发挥智库作用。

联合国南南合作专家赵永利认为,"联合国海陆丝绸之路城市联盟"的优势和特色是基于联合国多边渠道下的、更接地气的、城市间的交流合作。依托上海社科院拟设立的"城市联盟智库专委会"不是闭门造车,必须要有国际化的成分,广泛吸纳国际智库人才,吸收不同意见,才能获得成功。

再次,要推动智库服务"一带一路"。"联合国海陆丝绸之路城市联盟"理事长梁丹在会议致辞中指出,联合国是一个中立的第三方国际组织,是执行国际公共产品的最好的多边平台,有利于"一带一路"倡议的推广,能够获得更多方面的支持参与。联合国2030年持续发展战略也需要我们"一带一路"作为推进器。利用上海社科院平台,在联合国框架下发起成立"智库专委会",旨在搭建平台回应国际质疑,建立渠道发出中国声音,"智库专委会"鼓励专家深入一线,主动沟通、主动解说,积极为"一带一路"建设献计献策。

商务部中国国际经济技术交流中心张玮处长详细介绍了"联合国海陆丝绸之路城市联盟"情况。她希望通过"海陆丝绸之路城市联盟"智库专委会的设立,与上海社科院加强合作,整合利用智库的专家资源,为"一带一路"建设做出贡献。

上海社科院智库研究中心执行主任杨亚琴就设立"联合国海陆丝绸之路城市联盟"智库专委会的宗旨、定位、主要职能、运行机制等提出了初步构想。她提出,"专委会"旨在加强海陆丝绸之路沿线国家、城市各类智库的交流合作,拟借助于联合国的工作网络和资源以及"一带一路"智库合作联盟的研究力量和核心话语权,发起和吸收沿线国家、

探寻国际合作新机遇

城市的各类智库加入,通过内引外联、搭建平台,增进国际社会的沟通,促进沿线国家、城市智库与智库,智库与政界、学界、商界的交流合作,为推动"一带一路"建设项目落地贡献更多智慧。

来自高校智库的专家提出:应发挥高校智库对"一带一路"建设的作用。同济大学副校长江波指出,高校智库参与"一带一路"建设要强调学科与学科对接、学术与政策对接。中国与"一带一路"沿线国家合作,要推动人文交流,利用高校教育优势促进长效机制建设,还要强化"一带一路"参与能力水平建设。华东政法大学"一带一路"战略与法律外交研究院院长林燕萍认为,"一带一路"沿线国家采取法律体制各不相同,所属法系也相异,智库联盟应加强这方面的研究,近年来华政通过专业化、精细化的法律专业服务助力"一带一路"建设,取得较好效果。上海交通大学文科建设处处长吴建南认为,应该以城市为抓手,加强"一带一路"沿线国家合作交流,这可以回避许多政治问题,而且交流议题也较为实际。

提升智库国际化水平,进而提高智库服务"一带一路"能力,成为专家关注的焦点。国务院发展研究中心国研智库创新科技园高宏副总经理认为,应该跳出智库看智库,在"一带一路"的推广中,智库应注重文化互通、金融互通和思维方式的互通,以此提升智库在"一带一路"研究中的开放水平。江苏省社科院世界经济研究所张远鹏研究员认为智库要在"一带一路"建设中发挥作用,需要在影响决策与影响民意两方面都实现国际化,特别是要在课题合作成员的国际化、课题调研的国际化、交流活动的国际化、成果发布的国际化、合作伙伴的国际化上下功夫。复旦大学联合国与国际组织研究中心主任张贵洪教授认为,"一带一路"从独奏到协奏,基本和唯一的途径就是加强与联合国及国际组织的合作来进行共建。例如,中国与联合国合作共建人类命运共同体、合作共建国际关系,并将之放在合作共建"一带一路"这样的框架当中进行认识。

一些专家还认为,应重视城市在"一带一路"研究中的重要性。上海前滩新兴产业研究院院长何万篷提出利用大数据加强对"一带一路"研究,并对上海在"一带一路"中的功能提出自己的看法。他认为上海应向离岸经济治理中心发展,而在这个过程中,上海应该利用自己的各类智库研究优势,成立"一带一路"智库街区。浙江省城市治理研究中心副主任李燕从城市研究切入"一带一路"战略合作。她认为"一带一路"可以有效推动区域的协调发展,同时有必要研究地方事权改革,以此来激励地方城市融入"一带一路"的积极性。

(上海社会科学院智库研究中心供稿)

激发"一带一路"建设中的智库力量

王荣华

上海市第十届政协副主席、上海社会科学院智库研究中心名誉理事长

习近平总书记2013年提出"一带一路"的5年来,我们在探索中前进,在发展中完善,在合作中成长,取得了一些有目共睹的成就。与此同时,不仅仅是中国的智库在研究"一带一路","一带一路"沿线国家和非沿线国家和地区的智库也高度关注,所以"一带一路"有着广泛的影响力。

十九大召开以后,中国进入了新阶段,"一带一路"的建设也随之进入了新阶段。我们觉得该倡议需要从政府主导转向多方共建,推进"一带一路"建设需要智库的力量,需要发挥好智库网络、智库联盟的功能和作用。在新阶段,有几个标志性事件值得关注:一是把"一带一路"写入了《十九大报告》,表明了我们的决心和信念;二是得到联合国的高度评价,"人类命运共同体"被写进了相关决议;三是朋友圈越来越大;四是贸易投资增长、金融合作网络越来越大,基础设施初步成型;五是我们和绝大部分的"一带一路"沿线国家签订了协议,这些国家从中获得了收益。

与此同时,"一带一路"也面临新的挑战,其中比较大的一项挑战来

自"五通"当中的民心相通。中国在投资、贸易、金融、基础设施等硬实力方面开展顺利,但是在文化的软实力方面有待加强。有的外国专家说"五通"(指政策沟通、设施联通、贸易畅通、资金融通、民心相通)他们听不懂,当然有的人是不愿意接受。但"五通"特别是民心相通确实还需要面对很多挑战,如项目投资效益良莠不齐,有的项目风险难以识别;做项目要讲经济成本,讲风险,而风险除了自然条件方面的以外,还有政治、经济、社会、文化和宗教方面的风险。还有个别国家质疑"一带一路"是中国的"马歇尔计划",是中国版的"全球化"。当我们在国际上与其他智库、专家讨论、交流的时候,结果是他讲的我们对不上号,我们讲的他对不上号。有人质疑"一带一路"到底是独奏曲还是协奏曲,现在世界上民粹主义、孤立主义和反对全球化浪潮的泛起,都对"一带一路"倡议的推行产生影响,构成了阻碍。所以,智库一定要参与推进公共外交、民间外交,以有效地应对挑战。

第二个问题是"五通"之外的第六通,即智库相通。智库也可以归到民心相通的范畴那一边,我为了突出这一点,把它归为第六通。习近平主席去年5月强调:"要发挥智库作用,建设好智库联盟和合作网络。"上海社科院智库研究中心的《中国智库报告》连续搞了好几年,项目组运用网络抓取的办法进行词频分析,发现这几年"一带一路"和"一带一路"相关的研究课题成为热点和重点。尤其是"一带一路"国际合作高峰论坛以后,越来越多的智库加入到研究当中来。智库外交具有民间外交的特点,以智库交流为代表的民间外交渠道能够帮助世界准确理解"一带一路"和中国企业走出去。通过智库外交,国际社会可以分享中国的发展经验,传播中国的价值观念,因此,在民心相通方面,要推动智力、智库先行,要发出理性的先声。

智库的作用越来越重要,越来越管用。智库有一系列的产品,如"一带一路"风险地图、"一带一路"大数据库等,为"一带一路"研究提供

探寻国际合作新机遇

了比较丰富的研究工具和科学方法。但是我们也要看到,智库研究还相对分散,没有很好地形成合力,大家各自为战。有的则是一哄而上,低水平重复,真正难的问题却少有问津。理论往往落后于实践,智库研究恐怕也落后于"一带一路"的推进,特别在前瞻性、战略性、预判性方面,智库的作用还没有发挥出来。

中国高校应在"一带一路"建设中发挥更大的作用

江 波

同济大学副校长

　　高校参与"一带一路"确实到了提新要求的时候,现在已经不是讨论要不要做的问题,而是要讨论如何做的问题。智库研究不能把"一带一路"看成很理想化的事情,在做的过程中良性互动特别重要,包括四个方面:一是要促成高校与政府的良性互动;二是促成智库的良性互动;三是高校也要助力学科与学科的良性互动;四是高校要促成国内和国际的良性互动。

　　同济大学怎么做呢?我们把智库建设、参与国家"一带一路"作为同济大学建设世界一流大学的一项重要使命来推进。从同济大学的学科特点来看,我们相当多的学科可以为"一带一路"作贡献。同济还在积极地加强大学新型智库的建设,其特点是融合思想、政策、科技和工程,更好地围绕国家战略,聚焦一些关键的主题,比如我们有一个研究机构叫"一带一路"研究协同中心。同济硬的学科很多,包括跟地震、海洋、交通有关的,软的学科也在不断发展,这个协同中心旨在把硬的学科和软的学科交叉起来。如何交叉?我们确定了这么一些方向,如

探寻国际合作新机遇

桥梁建设、抗震救灾、轨道交通、船舶等,这些可能是今后同济能够发挥优势的地方,以便更好地参与"一带一路"建设。

在大学里头要做好高校的智库,服务"一带一路"的建设,我们还有三个弱点。第一个弱点是能力建设,比如说,你连个阿拉伯语都不会说,你还和沿线国家搞合作?还要研究人家?我认为基本没有可能性。第二个弱点是学校亟须弄清楚最核心的工作是什么?不是所有人都能做智库研究。第三,不能光谈思想,一定要有落实的方案,要精细化,要能够画"工笔画"。这三个方面我认为都是比较弱的,要加强。

最后,要看到高校在参与"一带一路"建设方面有四个优势:第一,在增信释疑方面,高校可以发挥优势,国家之间的差异性非常大,讲好"一带一路"故事很不容易,高校则能发挥教育优势。第二,在推动人文交流方面,大学可以发挥更好的作用。第三,高校可以利用高等教育的优势为长效机制做一些工作,在前瞻性研究方面,高校智库也可以提很多的建议和意见。第四,参与能力水平的建设,如为"一带一路"国家和地区培养他们所需要的交通、城市等领域的人才,真正使他们回去之后感到有用。

联合国与 "一带一路" 研究的若干课题

张贵洪

复旦大学联合国与国际组织研究中心主任

关于智库建设,我的初步印象还是库多智少,建库容易出智难。无论是"一带一路"的理论研究,还是对策研究,量和质很不平衡。我今天就联合国与"一带一路"研究当中的若干课题发表看法。

有几位发言人提到,"一带一路"如何实现从独奏到协奏的转变?如何提高国际共识?我想一个基本的途径就是要通过加强与联合国等国际组织的合作来进行共建。在 2017 年北京举行的"一带一路"国际合作高峰论坛上,包括世界银行行长在内的主要国际组织的领导全程参与,并签署了"一带一路"国际合作的协议,成为这个论坛的一大亮点。在那之前的 2016 年 9 月,中国和联合国开发计划署签署了"一带一路"倡议的谅解备忘录,这是中国与国际组织签署的合作共建的协议。在论坛之后,我们又和 20 多个国际组织签署了合作共建的协议。近两年,联合国大会也通过多项决议提出要加强区域合作,为"一带一路"建设提供安全保障环境。

我为什么要提这样的事实呢?因为我觉得,在"一带一路"建设当中有一个新的理念和新的路径,那就是中国和联合国以及国际组织要

探寻国际合作新机遇

合作共建。国内对"一带一路"的研究现在正在从宏观研究向微观研究、从普及式研究到专业化研究、从一般介绍到专门研究转型。但在中国与联合国以及其他国际组织合作共建"一带一路"方面，实践走在了理论研究和政策研究的前面。一方面，中国签订了很多的协议和国际组织合作共建，另一方面智库仍然比较少从中国与联合国合作的角度进行创新研究和前瞻性研究。今天，我主要是想提出关于中国与联合国合作共建"一带一路"的研究课题。主要是提出问题，而不是提供答案。

第一个课题，应该把"一带一路"研究放在中国与联合国合作共建人类命运共同体、合作共建国际关系、合作共建"一带一路"这一框架当中进行认识。人类命运共同体是我们的目标，新型合作关系是我们实现目标的路径，"一带一路"是我们的重要平台，这三位一体的研究，应该也体现在中国与联合国合作共建这方面。

第二个课题，"一带一路"和多边主义。我们应该注意到，大国对"一带一路"的支持是不够的。有的反对，如美国；有的消极，如印度和日本；俄罗斯和欧盟则支持不力。如果通过多边的方式来推动"一带一路"，有利于"一带一路"进行整体推进，也比较容易获得国际社会的普遍支持，增强"一带一路"合法性的基础，并且有利于将"一带一路"转型为国际发展议程，而不是我们国家的倡议。也就是说，中国应该推动"一带一路"的国际化建设。

第三个课题，"一带一路"与联合国《2030 年可持续发展议程》的对接。2015 年联合国发展峰会通过的"2030 议程"是未来国际合作发展的一个指导性文件，我们要研究"一带一路"建设如何与可持续发展议程进行对接，包括发展理念的对接。《2030 年可持续发展议程》强调的是经济、环境和社会的均衡发展，"一带一路"要考虑这样的问题。还有发展目标和指标的对接，"2030 议程"在发展目标方面提出 169 个指标,"一带一路"怎么样和这些目标和指标进行对接？还有一些发展手段、评估体系和评估指标的对接。如果能够在这些方面进行实例研究和政策分析,有利于把"一带一路"打造成全球发展治理的一个新模式。

第四个课题,中国和联合国专门机构开展合作共建"一带一路"。联合国有 16 个专门机构,涉及人类生活的各个方面。与它们合作的好处是可以通过专业化的操作、本土化的方式推进"一带一路"。所以,我们要研究中国政府、企业如何与联合国的这些机构在推进"一带一路"倡议、机制以及路径方面进行对接,并且进行案例分析。特别在教科文、卫生、旅游、城市、环境、难民、工业、农业、体育等联合国专门机构涉及的领域,在如何与它们开展合作方面,很多还是空白,我们要加强与它们的对接。

第五个课题,中国与地区组织的合作。"一带一路"主要涉及四个次区域,中国的周边、非洲、东欧以及拉丁美洲。这四个地区都有国际组织,比如说东南亚有东盟、南亚有区域合作联盟、中东有阿拉伯国家联盟等,还有一些地区性、跨地区性的国际组织。但我们在与地区组织合作方面还比较欠缺,我们不仅应该和沿线国家对接,也要和沿线的地区国际组织进行对接。

第六个课题,"一带一路"和联合国主导和倡导的南南合作。"一带一路"建设可以为新时期的南南合作提供新的动力,而南南合作可以为"一带一路"提供多边的合作框架。我们要加强在 77 国集团、联合国贸发会议等南南合作的框架和平台下的合作,来推进"一带一路"。

最后一个课题,"一带一路"与联合国维和、建和。沿线地区有很多政治、安全的风险,联合国的职能包括从预防冲突到建设和平、保持和平,主要是为了缓和冲突和解决危机。"一带一路"建设与这方面的任务结合起来,有利于我们减少风险,对"一带一路"的推进有非常重要的意义。

图书在版编目(CIP)数据

探寻国际合作新机遇：首届"一带一路"上海论坛
论集 / 王振主编.—上海：上海社会科学院出版
社,2018
ISBN 978 - 7 - 5520 - 2448 - 7

Ⅰ.①探… Ⅱ.①王… Ⅲ.①"一带一路"—国际
合作—文集 Ⅳ.①F125 - 53

中国版本图书馆 CIP 数据核字(2018)第 189268 号

探寻国际合作新机遇：首届"一带一路"上海论坛论集

主　　编：王　振
副 主 编：李开盛
责任编辑：王　睿
封面设计：周清华
出版发行：上海社会科学院出版社
　　　　　上海顺昌路 622 号　邮编 200025
　　　　　电话总机 021 - 63315900　销售热线 021 - 53063735
　　　　　http://www.sassp.org.cn　E-mail：sassp@sass.org.cn
照　　排：南京前锦排版服务有限公司
印　　刷：上海龙腾印务有限公司
开　　本：710×1010 毫米　1/16 开
印　　张：12.75
插　　页：12
字　　数：176 千字
版　　次：2018 年 8 月第 1 版　2018 年 8 月第 1 次印刷

ISBN 978 - 7 - 5520 - 2448 - 7/F・539　　定价：75.00 元

版权所有　翻印必究